사도신경

The Apostles' Creed

전능하사 천지를 만드신 하나님 아버지를 내가 믿사오며,
그 외아들 우리 주 예수 그리스도를 믿사오니,
이는 성령으로 잉태하사 동정녀 마리아에게 나시고,
'본디오 빌라도'에게 고난을 받으사,
십자가에 못박혀 죽으시고,
장사한 지 사흘 만에 죽은 자 가운데서 다시 살아나시며,
하늘에 오르사, 전능하신 하나님 우편에 앉아 계시다가,
저리로서 산 자와 죽은 자를 심판하러 오시리라.
성령을 믿사오며, 거룩한 교회와,
성도가 서로 교통하는 것과,
죄를 사하여 주시는 것과, 몸이 다시 사는 것과,
영원히 사는 것을 믿사옵나이다.
아멘!

손끝에서 피어나는

하나님 나라 소망과 완성에 관한 이야기

일반서신(II)과 요한계시록

따라쓰기

베드로전후서, 요한1,2,3서
유다서, 요한계시록

Hand Copying Scriptures

개역개정

시작한 날 . . .
마 친 날 . . .

따라 쓴 이

요단
JORDAN
PRESS

"예수 그리스도의 사도 베드로는 본도, 갈라디아, 갑바도기아, 아시아와 비두니아에 흩어진 나그네 곧 하나님 아버지의 미리 아심을 따라 성령의 거룩하게 하심으로 순종함과 예수 그리스도의 피 뿌림을 얻기 위하여 택하심을 입은 자들에게 편지하노니 은혜와 평강이 너희에게 더욱 많을찌어다" | 벧전 1:1 |

요한계시록의 일곱 교회 [요한계시록 2,3장]

“성령과 신부가 말씀하시기를 오라 하시는도다 듣는 자도 오라 할 것이요 목마른 자도 올 것이요 또 원하는 자는 값없이 생명수를 받으라 하시더라 내가 이 두루마리의 예언의 말씀을 듣는 모든 사람에게 증언하노니 만일 누구든지 이것들 외에 더하면 하나님이 이 두루마리에 기록된 재앙들을 그에게 더하실 것이요 만일 누구든지 이 두루마리의 예언의 말씀에서 제하여 버리면 하나님이 이 두루마리에 기록된 생명나무와 및 거룩한 성에 참여함을 제하여 버리시리라 이것들을 증언하신 이가 이르시되 내가 진실로 속히 오리라 하시거늘 아멘 주 예수여 오시옵소서 주 예수의 은혜가 모든 자들에게 있을지어다 아멘” | 계 22:17-21 |

• 손 끝에서 피어나는 하나님 나라 소망과 완성에 관한 이야기 •

일반서신(II)과 요한계시록 따라쓰기 표

하루 한 장 쓰기 플랜

일차	본문	✓	일차	본문	✓
1	베드로전서 1장	☐	20	요한계시록 4장	☐
2	베드로전서 2장	☐	21	요한계시록 5장	☐
3	베드로전서 3장	☐	22	요한계시록 6장	☐
4	베드로전서 4장	☐	23	요한계시록 7장	☐
5	베드로전서 5장	☐	24	요한계시록 8장	☐
6	베드로후서 1장	☐	25	요한계시록 9장	☐
7	베드로후서 2장	☐	26	요한계시록 10장	☐
8	베드로후서 3장	☐	27	요한계시록 11장	☐
9	요한일서 1장	☐	28	요한계시록 12장	☐
10	요한일서 2장	☐	29	요한계시록 13장	☐
11	요한일서 3장	☐	30	요한계시록 14장	☐
12	요한일서 4장	☐	31	요한계시록 15장	☐
13	요한일서 5장	☐	32	요한계시록 16장	☐
14	요한이서 1장	☐	33	요한계시록 17장	☐
15	요한삼서 1장	☐	34	요한계시록 18장	☐
16	유다서 1장	☐	35	요한계시록 19장	☐
17	요한계시록 1장	☐	36	요한계시록 20장	☐
18	요한계시록 2장	☐	37	요한계시록 21장	☐
19	요한계시록 3장	☐	38	요한계시록 22장	☐

하루 두 장 쓰기 플랜

일차	본문	√	일차	본문	√
1	베드로전서 1장	☐		요한계시록 4장	☐
	베드로전서 2장	☐	11	요한계시록 5장	☐
2	베드로전서 3장	☐		요한계시록 6장	☐
	베드로전서 4장	☐	12	요한계시록 7장	☐
3	베드로전서 5장	☐		요한계시록 8장	☐
	베드로후서 1장	☐	13	요한계시록 9장	☐
4	베드로후서 2장	☐		요한계시록 10장	☐
	베드로후서 3장	☐	14	요한계시록 11장	☐
5	요한일서 1장	☐		요한계시록 12장	☐
	요한일서 2장	☐	15	요한계시록 13장	☐
6	요한일서 3장	☐		요한계시록 14장	☐
	요한일서 4장	☐	16	요한계시록 15장	☐
7	요한일서 5장	☐		요한계시록 16장	☐
	요한이서 1장	☐	17	요한계시록 17장	☐
8	요한삼서 1장	☐		요한계시록 18장	☐
	유다서 1장	☐	18	요한계시록 19장	☐
9	요한계시록 1장	☐		요한계시록 20장	☐
	요한계시록 2장	☐	19	요한계시록 21장	☐
10	요한계시록 3장	☐		요한계시록 22장	☐

손 끝에서 피어나는 하나님 나라 소망과 완성에 관한 이야기

활용법 일러두기

1. 성경 본문에 대한 이해를 돕기 위해 간단한 해설을 수록하였습니다.
2. 30일 동안 따라 쓸 수 있도록 일정표를 제시하였습니다.
3. 성경 책 없어도 언제 어디서나 따라 쓸 수 있도록 성경 본문을 함께 제공하였습니다.
4. 매일 한 장씩 기도하면서 성경 본문을 따라 쓰면서 확실한 이해와 더 깊이 있는 묵상을 경험하실 수 있습니다.

손 끝에서 피어나는 하나님 나라 소망과 완성에 관한 이야기

한 눈에 이해하는 일반서신(II)과 요한계시록 개관

베드로전서, 베드로후서, 요한 일서, 이서, 삼서, 유다서와 요한계시록을 알아봅시다.

❶ 베드로전서

저자 베드로

저작연대 A.D 54~48년

수신자 소아시아에 흩어져 있는 박해받는 그리스도인

기록장소 로마 또는 바벨론

기록목적

박해받는 그리스도인들을 위로하고 격려하기 위해 기록했다.

주요개요

주님 부활 후 기독교 메시지와 성장이 제국의 위협으로 간주되어 도처에서 박해가 심화되었다. 이에 베드로는 박해 받는 그리스도인들의 믿음을 견고하게 세우기 위해 하나님이 우리의 산 소망이심을 분명하게 증거한다. 그리스도인은 고난 속에서도 썩지 않고 더럽지 않고 쇠하지 아니하는 유업(1:4), 즉 산 소망을 약속받은 "택하신 족속, 왕같은 제사장, 거룩한 나라, 그의 소유된 백성"이라는 것이다. 그러므로 적대적인 사람들에 의해 둘러 싸여 있더라도, 하나님께 대한 충성심을 잃지 말라고 격려한다.

내용분해

1. 산 소망을 주신 하나님을 찬양(1:1~12)
2. 산 소망에 합당한 생활을 위한 권면(1:13-3:12)
3. 고난에 대한 교훈(3:1-5:11)
4. 문안과 축도(5:12-14)

2 베드로후서

저자 베드로

저작연대 A.D 64~65년

수신자 소아시아에 흩어져 있는 그리스도인

기록장소 로마 또는 바벨론

기록목적

교회 안에 들어온 거짓 교사들의 미혹에 빠지지 않기 위해 예수님의 재림을 소망하며, 믿음으로 인내할 것을 권면하기 위해 기록했다.

주요개요

베드로전서가 외부에서 오는 핍박과 고난에 대한 위로와 격려의 내용이라면, 베드로후서는 공동체 내부에 들어와 그리스도인들을 거짓된 가르침으로 하나님의 진리에서 떼어 놓으려는 거짓 교사들의 정체를 폭로하고 경고한다. 베드로는 주의 날이 도둑같이 임할 것이기에 하나님의 진리의 견고한 터로 돌아와 믿음 위에 굳게 서서 새 하늘과 새 땅에 합당한 삶을 살아야 한다고 말한다.

내용분해

1. 그리스도를 아는 지식 안에서 성장하라는 권면(1:1-21)
2. 거짓 교사들에 대한 경고(2~3장)

❸ 요한 일서

저자 요한

저작연대 A.D 85~96년

수신자 모든 그리스도인

기록장소 에베소

기록목적

영지주의의 거짓된 가르침을 반박하고, 구원의 확신을 심어주기 위해 기록했다.

주요개요

사도 요한이 돌보는 몇몇 교회에 스스로를 그리스도의 제자라고 속이는 자들이 들어와 물질은 악하고, 단지 영만 정결한 것이라고 주장하며, 하나님께서 육신을 입고 오신 것을 부정하는 주장을 펼쳤다. 이에 대해 사도 요한은 본인이 예수님을 보고, 듣고, 만진 증인임을 강력하게 증거하면서 육을 악한 것으로 보아 등한히 여기는 영지주의자들의 부도덕한 삶을 책망하며, 그리스도의 성육신을 주장한다. 또한 형제 사랑을 강조하며 그리스도인의 삶의 모형을 제시함으로써 영지주의를 논박한다.

내용분해

1. 서론(1:1~4)
2. 하나님은 빛이라(1:5~2:27)
3. 하나님은 의로우시다(2:28-4:6)
4. 하나님은 사랑이시라(4:7~5:12)
5. 결론(5:3~21)

4 요한 이서

저자 요한

저작연대 A.D 85~96년

수신자 모든 그리스도인

기록장소 에베소

기록목적

그리스도인들이 잘 모르는 사이에 이단 사상 전파에 협조하는 일이 없도록, 이단 전도자들을 잘 분별하라고 권고하기 위해 기록했다.

주요개요

1세기 순회 사역자들은 여행 길에 머물 곳을 찾기가 쉽지 않은 환경이었다. 이들은 종종 그 지역 교회 공동체의 환대와 희생적 사랑으로 돌봄을 받았다. 요한은 이러한 섬김을 칭찬하면서 동시에 그들이 환대하는 사람들이 거짓된 가르침을 전하는 자는 아닌지 잘 분별하여 경계할 것을 권면한다.

내용분해

1. 인사(1:1~3)
2. 사랑의 계명(1:4~6)
3. 미혹하는 자에 대한 경계(1:7~11)
4. 결론(1:12~13)

❺ 요한 삼서

저자 요한

저작연대 A.D 85~96년

수신자 가이오

기록장소 에베소

기록목적

순회 전도자들을 선대한 가이오를 칭찬하고, 거절하고 사도 요한의 권위에 도전한 디오드레베를 책망하기 위해 기록했다.

주요개요

요한의 세번째 편지는 짧지만 어느 시대에나 있을 법한 이단과 교회의 분열이라는 문제를 구체적인 두 인물의 행동을 통해 보여준다. 요한은 이러한 위험을 막기 위해 사랑과 구별을 강조 한다.

내용분해

1. 인사(1:1~2)
2. 가이오를 칭찬함(1:3~8)
3. 디오드레베를 책망함(1:9~11)
4. 데메드리오를 칭찬함 (1:12)
5. 결론(1:13~15)

6 유다서

저자 유다(야고보의 형제)

저작연대 A.D 60~80년

수신자 모든 그리스도인

기록장소 알 수 없음

기록목적

교회에 침투한 이단 사상과 거짓 교사들의 악행을 경책하고, 이단에 대한 바른 변증을 통해 성도들을 복음 안에서 바르게 세우기 위해 기록했다.

주요개요

야고보와 함께 예수님의 육신의 형제 중 하나였던 유다는 위선과 분열을 조장하고 도덕적으로 타락한 자들을 '그리스도를 부인하는 자'라고 부르며 다소 격결한 어조로 경계할 것을 주문한다. 신자들에게는 바른 믿음을 지키기 위해 싸우라고 독려한다.

내용분해

1. 인사(1:1~2)
2. 편지를 쓴 목적(1:3~4)
3. 거짓 교사에 대한 경고(1:5~16)
4. 성도들을 위한 교훈(1:7~23)
5. 축복을 비는 송영(1:24~25)

사도 요한 기념 교회

❼ 요한계시록

저자 요한

저작연대 A.D 90~96년

수신자 소아시아에 있는 일곱 교회

기록장소 밧모섬

기록목적

하나님의 어린양인 예수님께서 다시 오셔서 이세상을 심판하시고 완전한 하나님 나라를 세울 실 것을 예고하여 성도들이 승리의 확신 속에서 신앙을 끝까지 지키도록 격려하기 위해 기록했다.

주요개요

계시록은 도미티안 황제 핍박기에 소아시아(튀르키예) 서쪽 해안 에게해에 위치한 밧모 섬에 유배된 요한에 의해 기록되었다. 요한은 하나님께서 일련의 환상을 통해 소아시아에 퍼져 있던 일곱 교회에 보낸 편지와 전체 기독교 공동체에게 장래에 일어날 일에 대한 기록이다. 하나님께서는 메시지를 극적으로 전달하기 위해 환상을 사용하셨는데, 환상에는 상징과 이미지가 많이 들어 있다. 그래서 오늘날 이 의미를 정확히 알기 어려운 부분도 있는데 당시 사람들에게는 우리보다는 친숙한 의사 전달 양식이었다.

계시록에는 하나님의 궁극적 승리가 약속되어 있어 시험과 핍박에 처해 있거나 신앙의 침체기에 있는 사람들에게 구원에 대한 확신, 격려, 승리에 대한 감사와 찬양을 불러 일으키고, 주님 다시 오심을 기대하게 된다. 또한 이 예언의 책을 읽고, 듣고, 지키는 자에게 약속된 복도 누리게 된다. 동시에 요한계시록은 많은 이단들에 의해 오용되는 책이기도 하다. 그러므로 하나님의 조명하심과 건전한 신학과 해석의 안내를 받기를 추천한다.

내용분해

1. 서론(1:1~20)
2. 일곱 교회들에 보낸 편지(2:1~3:22)
3. 하늘 보좌 환상(4:1~5:14)
4. 일곱 인들(6:1~8:1)
5. 일곱 나팔(8:2~11:19)
6. 그리스도와 용과의 싸움(12:1~14:20)
7. 일곱 대접의 준비(15:1~8)
8. 진노의 일곱 대접(16:1~21)
9. 바벨론 심판(17:1~19:21)
10. 최종 완성(20:1~22:5)
11. 후기(22:6~21)

참고도서

필립 얀시, 팀 스태버드, 『필립 얀시의 별미 성경 여행』. 요단 출판사, 2009.

더글러스 코널리, 『스마트 통성경』. 요단출판사, 2012.

대한성서공회, 『 뱁티스트 성경전서』. 대한성서공회, 2016.

사도 요한이 기도하던 동굴교회

벧전 1:1-9
그리스도의 사도 베드로는 본도, 갈라디아, 갑바도기아, 아시아와
흩어진 나그네
아버지의 미리 아심을 따라 성령이 거룩하게 하심으로
그리스도의 피 뿌림을 얻기 위하여 택하심을 받은
은혜와 평강이 너희에게 더욱 많을지어다
하나님을 찬송하리로다

베드로전서

1. 산 소망을 주신 하나님을 찬양

(1:1~12)

2. 산 소망에 합당한 생활을 위한 권면

(1:13-3:12)

3. 고난에 대한 교훈

(3:13-5:11)

4. 하나님은 사랑이시라

(5:12-14)

베드로전서

산 소망을 주신 하나님을 찬양

1장 1절-12절

1장

인사

1 예수 그리스도의 사도 베드로는 본도, 갈라디아, 갑바도기아, 아시
아와 비두니아에 흩어진 나그네
2 곧 하나님 아버지의 미리 아심을 따라 성령이 거룩하게 하심으로
순종함과 예수 그리스도의 피 뿌림을 얻기 위하여 택하심을 받은
자들에게 편지하노니 은혜와 평강이 너희에게 더욱 많을지어다

산 소망

3 우리 주 예수 그리스도의 아버지 하나님을 찬송하리로다 그의 많
으신 긍휼대로 예수 그리스도를 죽은 자 가운데서 부활하게 하심
으로 말미암아 우리를 거듭나게 하사 산 소망이 있게 하시며
4 썩지 않고 더럽지 않고 쇠하지 아니하는 유업을 잇게 하시나니 곧
너희를 위하여 하늘에 간직하신 것이라
5 너희는 말세에 나타내기로 예비하신 구원을 얻기 위하여 믿음으로
말미암아 하나님의 능력으로 보호하심을 받았느니라
6 그러므로 너희가 이제 여러 가지 시험으로 말미암아 잠깐 근심하
게 되지 않을 수 없으나 오히려 크게 기뻐하는도다
7 너희 믿음의 확실함은 불로 연단하여도 없어질 금보다 더 귀하여
예수 그리스도께서 나타나실 때에 칭찬과 영광과 존귀를 얻게 할
것이니라
8 예수를 너희가 보지 못하였으나 사랑하는도다 이제도 보지 못하나
믿고 말할 수 없는 영광스러운 즐거움으로 기뻐하니
9 믿음의 결국 곧 영혼의 구원을 받음이라

[1장] 인사

1

2

산 소망

3

4

5

6

7

8

9

베드로전서

산 소망을 주신 하나님을 찬양

1장 1절-12절

산 소망에 합당한 생활을 위한 권면

1장 13절-3장 12절

1장

10 이 구원에 대하여는 너희에게 임할 은혜를 예언하던 선지자들이
연구하고 부지런히 살펴서
11 자기 속에 계신 그리스도의 영이 그 받으실 고난과 후에 받으실
영광을 미리 증언하여 누구를 또는 어떠한 때를 지시하시는지 상
고하니라
12 이 섬긴 바가 자기를 위한 것이 아니요 너희를 위한 것임이 계시로
알게 되었으니 이것은 하늘로부터 보내신 성령을 힘입어 복음을
전하는 자들로 이제 너희에게 알린 것이요 천사들도 살펴 보기를
원하는 것이니라

모든 행실에 거룩한 자가 되라

13 그러므로 너희 마음의 허리를 동이고 근신하여 예수 그리스도께서
나타나실 때에 너희에게 가져다 주실 은혜를 온전히 바랄지어다
14 너희가 순종하는 자식처럼 전에 알지 못할 때에 따르던 너희 사욕
을 본받지 말고
15 오직 너희를 부르신 거룩한 이처럼 너희도 모든 행실에 거룩한 자
가 되라
16 기록되었으되 내가 거룩하니 너희도 거룩할지어다 하셨느니라
17 외모로 보시지 않고 각 사람의 행위대로 심판하시는 이를 너희가
아버지라 부른즉 너희가 나그네로 있을 때를 두려움으로 지내라
18 너희가 알거니와 너희 조상이 물려 준 헛된 행실에서 대속함을 받
은 것은 은이나 금 같이 없어질 것으로 된 것이 아니요

10

11

12

모든 행실에 거룩한 자가 되라

13

14

15

16

17

18

산 소망에 합당한 생활을 위한 권면

1장 13절-3장 12절

1장

19 오직 흠 없고 점 없는 어린 양 같은 그리스도의 보배로운 피로 된
것이니라
20 그는 창세 전부터 미리 알린 바 되신 이나 이 말세에 너희를 위하여
나타내신 바 되었으니
21 너희는 그를 죽은 자 가운데서 살리시고 영광을 주신 하나님을
그리스도로 말미암아 믿는 자니 너희 믿음과 소망이 하나님께 있
게 하셨느니라
22 너희가 진리를 순종함으로 너희 영혼을 깨끗하게 하여 거짓이 없
이 형제를 사랑하기에 이르렀으니 마음으로 뜨겁게 서로 사랑하라
23 너희가 거듭난 것은 썩어질 씨로 된 것이 아니요 썩지 아니할 씨로
된 것이니 살아 있고 항상 있는 하나님의 말씀으로 되었느니라
24 그러므로 모든 육체는 풀과 같고 그 모든 영광은 풀의 꽃과 같으니
풀은 마르고 꽃은 떨어지되
25 오직 주의 말씀은 세세토록 있도다 하였으니 너희에게 전한 복음
이 곧 이 말씀이니라

2장

산 돌과 하나님의 백성

1 그러므로 모든 악독과 모든 기만과 외식과 시기와 모든 비방하는
말을 버리고
2 갓난 아기들 같이 순전하고 신령한 젖을 사모하라 이는 그로 말미
암아 너희로 구원에 이르도록 자라게 하려 함이라
3 너희가 주의 인자하심을 맛보았으면 그리하라

19

20

21

22

23

24

25

[2장] 산 돌과 하나님의 백성

1

2

3

산 소망에 합당한 생활을 위한 권면

1장 13절-3장 12절

2장

4 사람에게는 버린 바가 되었으나 하나님께는 택하심을 입은 보배로
운 산 돌이신 예수께 나아가
5 너희도 산 돌 같이 신령한 집으로 세워지고 예수 그리스도로 말미
암아 하나님이 기쁘게 받으실 신령한 제사를 드릴 거룩한 제사장
이 될지니라
6 성경에 기록되었으되 보라 내가 택한 보배로운 모퉁잇돌을 시온에
두노니 그를 믿는 자는 부끄러움을 당하지 아니하리라 하였으니
7 그러므로 믿는 너희에게는 보배이나 믿지 아니하는 자에게는 건축
자들이 버린 그 돌이 모퉁이의 머릿돌이 되고
8 또한 부딪치는 돌과 걸려 넘어지게 하는 바위가 되었다 하였느니
라 그들이 말씀을 순종하지 아니하므로 넘어지나니 이는 그들을
이렇게 정하신 것이라
9 그러나 너희는 택하신 족속이요 왕 같은 제사장들이요 거룩한
나라요 그의 소유가 된 백성이니 이는 너희를 어두운 데서 불러 내
어 그의 기이한 빛에 들어가게 하신 이의 아름다운 덕을 선포하게
하려 하심이라
10 너희가 전에는 백성이 아니더니 이제는 하나님의 백성이요 전에는
긍휼을 얻지 못하였더니 이제는 긍휼을 얻은 자니라

하나님의 종과 같이 하라

11 사랑하는 자들아 거류민과 나그네 같은 너희를 권하노니 영혼을
거슬러 싸우는 육체의 정욕을 제어하라

4

5

6

7

8

9

10

하나님의 종과 같이 하라

11

산 소망에 합당한 생활을 위한 권면

1장 13절-3장 12절

2장

12 너희가 이방인 중에서 행실을 선하게 가져 너희를 악행한다고 비
방하는 자들로 하여금 너희 선한 일을 보고 오시는 날에 하나님께
영광을 돌리게 하려 함이라
13 인간의 모든 제도를 주를 위하여 순종하되 혹은 위에 있는 왕이나
14 혹은 그가 악행하는 자를 징벌하고 선행하는 자를 포상하기 위하
여 보낸 총독에게 하라
15 곧 선행으로 어리석은 사람들의 무식한 말을 막으시는 것이라
16 너희는 자유가 있으나 그 자유로 악을 가리는 데 쓰지 말고 오직
하나님의 종과 같이 하라
17 뭇 사람을 공경하며 형제를 사랑하며 하나님을 두려워하며 왕을
존대하라

그리스도의 고난

18 사환들아 범사에 두려워함으로 주인들에게 순종하되 선하고 관용
하는 자들에게만 아니라 또한 까다로운 자들에게도 그리하라
19 부당하게 고난을 받아도 하나님을 생각함으로 슬픔을 참으면 이
는 아름다우나
20 죄가 있어 매를 맞고 참으면 무슨 칭찬이 있으리요 그러나 선을 행
함으로 고난을 받고 참으면 이는 하나님 앞에 아름다우니라
21 이를 위하여 너희가 부르심을 받았으니 그리스도도 너희를 위하여
고난을 받으사 너희에게 본을 끼쳐 그 자취를 따라오게 하려 하셨
느니라
22 그는 죄를 범하지 아니하시고 그 입에 거짓도 없으시며

12

13

14

15

16

17

그리스도의 고난

18

19

20

21

22

산 소망에 합당한 생활을 위한 권면

1장 13절-3장 12절

고난에 대한 교훈

3장 13절-5장 11절

2장

23 욕을 당하시되 맞대어 욕하지 아니하시고 고난을 당하시되 위협하
지 아니하시고 오직 공의로 심판하시는 이에게 부탁하시며
24 친히 나무에 달려 그 몸으로 우리 죄를 담당하셨으니 이는 우리로
죄에 대하여 죽고 의에 대하여 살게 하려 하심이라 그가 채찍에
맞음으로 너희는 나음을 얻었나니
25 너희가 전에는 양과 같이 길을 잃었더니 이제는 너희 영혼의 목자
와 감독 되신 이에게 돌아왔느니라

3장

아내와 남편

1 아내들아 이와 같이 자기 남편에게 순종하라 이는 혹 말씀을 순종
하지 않는 자라도 말로 말미암지 않고 그 아내의 행실로 말미암아
구원을 받게 하려 함이니
2 너희의 두려워하며 정결한 행실을 봄이라
3 너희의 단장은 머리를 꾸미고 금을 차고 아름다운 옷을 입는 외모
로 하지 말고
4 오직 마음에 숨은 사람을 온유하고 안정한 심령의 썩지 아니할 것
으로 하라 이는 하나님 앞에 값진 것이니라
5 전에 하나님께 소망을 두었던 거룩한 부녀들도 이와 같이 자기
남편에게 순종함으로 자기를 단장하였나니
6 사라가 아브라함을 주라 칭하여 순종한 것 같이 너희는 선을 행하
고 아무 두려운 일에도 놀라지 아니하면 그의 딸이 된 것이니라

23

24

25

[3장] 아내와 남편

1

2

3

4

5

6

[기도와 묵상]

베드로전서

고난에 대한 교훈

3장 13절–5장 11절

3장

7 남편들아 이와 같이 지식을 따라 너희 아내와 동거하고 그를 더
연약한 그릇이요 또 생명의 은혜를 함께 이어받을 자로 알아 귀히
여기라 이는 너희 기도가 막히지 아니하게 하려 함이라

선을 위한 고난

8 마지막으로 말하노니 너희가 다 마음을 같이하여 동정하며 형제를
사랑하며 불쌍히 여기며 겸손하며
9 악을 악으로, 욕을 욕으로 갚지 말고 도리어 복을 빌라 이를 위하
여 너희가 부르심을 받았으니 이는 복을 이어받게 하려 하심이라
10 그러므로 생명을 사랑하고 좋은 날 보기를 원하는 자는 혀를 금하
여 악한 말을 그치며 그 입술로 거짓을 말하지 말고
11 악에서 떠나 선을 행하고 화평을 구하며 그것을 따르라
12 주의 눈은 의인을 향하시고 그의 귀는 의인의 간구에 기울이시되
주의 얼굴은 악행하는 자들을 대하시느니라 하였느니라
13 또 너희가 열심으로 선을 행하면 누가 너희를 해하리요
14 그러나 의를 위하여 고난을 받으면 복 있는 자니 그들이 두려워하
는 것을 두려워하지 말며 근심하지 말고
15 너희 마음에 그리스도를 주로 삼아 거룩하게 하고 너희 속에 있는
소망에 관한 이유를 묻는 자에게는 대답할 것을 항상 준비하되
온유와 두려움으로 하고
16 선한 양심을 가지라 이는 그리스도 안에 있는 너희의 선행을 욕하
는 자들로 그 비방하는 일에 부끄러움을 당하게 하려 함이라

7

선을 위한 고난

8

9

10

11

12

13

14

15

16

고난에 대한 교훈

3장 13절-5장 11절

3장

17 선을 행함으로 고난 받는 것이 하나님의 뜻일진대 악을 행함으로
고난 받는 것보다 나으니라
18 그리스도께서도 단번에 죄를 위하여 죽으사 의인으로서 불의한 자
를 대신하셨으니 이는 우리를 하나님 앞으로 인도하려 하심이라
육체로는 죽임을 당하시고 영으로는 살리심을 받으셨으니
19 그가 또한 영으로 가서 옥에 있는 영들에게 선포하시니라
20 그들은 전에 노아의 날 방주를 준비할 동안 하나님이 오래 참고
기다리실 때에 복종하지 아니하던 자들이라 방주에서 물로 말미암
아 구원을 얻은 자가 몇 명뿐이니 겨우 여덟 명이라
21 물은 예수 그리스도께서 부활하심으로 말미암아 이제 너희를 구원
하는 표니 곧 세례(침례)라 이는 육체의 더러운 것을 제하여 버림
이 아니요 하나님을 향한 선한 양심의 간구니라
22 그는 하늘에 오르사 하나님 우편에 계시니 천사들과 권세들과
능력들이 그에게 복종하느니라

4장

하나님의 은혜를 맡은 선한 청지기

1 그리스도께서 이미 육체의 고난을 받으셨으니 너희도 같은 마음으
로 갑옷을 삼으라 이는 육체의 고난을 받은 자는 죄를 그쳤음이니
2 그 후로는 다시 사람의 정욕을 따르지 않고 하나님의 뜻을 따라
육체의 남은 때를 살게 하려 함이라
3 너희가 음란과 정욕과 술취함과 방탕과 향락과 무법한 우상 숭배
를 하여 이방인의 뜻을 따라 행한 것은 지나간 때로 족하도다

17

18

19

20

21

22

[4장] 하나님의 은혜를 맡은 선한 청지기

1

2

3

고난에 대한 교훈

3장 13절-5장 11절

4장

4 이러므로 너희가 그들과 함께 그런 극한 방탕에 달음질하지 아니
하는 것을 그들이 이상히 여겨 비방하나
5 그들이 산 자와 죽은 자를 심판하기로 예비하신 이에게 사실대로
고하리라
6 이를 위하여 죽은 자들에게도 복음이 전파되었으니 이는 육체로는
사람으로 심판을 받으나 영으로는 하나님을 따라 살게 하려 함이라
7 만물의 마지막이 가까이 왔으니 그러므로 너희는 정신을 차리고
근신하여 기도하라
8 무엇보다도 뜨겁게 서로 사랑할지니 사랑은 허다한 죄를 덮느니라
9 서로 대접하기를 원망 없이 하고
10 각각 은사를 받은 대로 하나님의 여러 가지 은혜를 맡은 선한 청지
기 같이 서로 봉사하라
11 만일 누가 말하려면 하나님의 말씀을 하는 것 같이 하고 누가 봉사
하려면 하나님이 공급하시는 힘으로 하는 것 같이 하라 이는 범사
에 예수 그리스도로 말미암아 하나님이 영광을 받으시게 하려 함
이니 그에게 영광과 권능이 세세에 무궁하도록 있느니라 아멘

그리스도인이 받을 고난

12 사랑하는 자들아 너희를 연단하려고 오는 불 시험을 이상한 일 당
하는 것 같이 이상히 여기지 말고
13 오히려 너희가 그리스도의 고난에 참여하는 것으로 즐거워하라 이
는 그의 영광을 나타내실 때에 너희로 즐거워하고 기뻐하게 하려
함이라

4

5

6

7

8

9

10

11

그리스도인이 받을 고난

12

13

베드로전서

고난에 대한 교훈

3장 13절–5장 11절

4장

14 너희가 그리스도의 이름으로 치욕을 당하면 복 있는 자로다 영광
의 영 곧 하나님의 영이 너희 위에 계심이라
15 너희 중에 누구든지 살인이나 도둑질이나 악행이나 남의 일을 간
섭하는 자로 고난을 받지 말려니와
16 만일 그리스도인으로 고난을 받으면 부끄러워하지 말고 도리어 그
이름으로 하나님께 영광을 돌리라
17 하나님의 집에서 심판을 시작할 때가 되었나니 만일 우리에게 먼
저 하면 하나님의 복음을 순종하지 아니하는 자들의 그 마지막은
어떠하며
18 또 의인이 겨우 구원을 받으면 경건하지 아니한 자와 죄인은 어디
에 서리요
19 그러므로 하나님의 뜻대로 고난을 받는 자들은 또한 선을 행하는
가운데에 그 영혼을 미쁘신 창조주께 의탁할지어다

5장

하나님의 양 무리를 치라

1 너희 중 장로들에게 권하노니 나는 함께 장로 된 자요 그리스도의
고난의 증인이요 나타날 영광에 참여할 자니라
2 너희 중에 있는 하나님의 양 무리를 치되 억지로 하지 말고 하나님
의 뜻을 따라 자원함으로 하며 더러운 이득을 위하여 하지 말고
기꺼이 하며
3 맡은 자들에게 주장하는 자세를 하지 말고 양 무리의 본이 되라
4 그리하면 목자장이 나타나실 때에 시들지 아니하는 영광의 관을
얻으리라

14

15

16

17

18

19

[5장] 하나님의 양 무리를 치라

1

2

3

4

고난에 대한 교훈

3장 13절–5장 11절

문안과 축도

5장 12절–14절

5장

5 젊은 자들아 이와 같이 장로들에게 순종하고 다 서로 겸손으로
허리를 동이라 하나님은 교만한 자를 대적하시되 겸손한 자들에게
는 은혜를 주시느니라
6 그러므로 하나님의 능하신 손 아래에서 겸손하라 때가 되면 너희
를 높이시리라
7 너희 염려를 다 주께 맡기라 이는 그가 너희를 돌보심이라
8 근신하라 깨어라 너희 대적 마귀가 우는 사자 같이 두루 다니며
삼킬 자를 찾나니
9 너희는 믿음을 굳건하게 하여 그를 대적하라 이는 세상에 있는
너희 형제들도 동일한 고난을 당하는 줄을 앎이라
10 모든 은혜의 하나님 곧 그리스도 안에서 너희를 부르사 자기의 영원
한 영광에 들어가게 하신 이가 잠깐 고난을 당한 너희를 친히 온전하
게 하시며 굳건하게 하시며 강하게 하시며 터를 견고하게 하시리라
11 권능이 세세무궁하도록 그에게 있을지어다 아멘

끝 인사

12 내가 신실한 형제로 아는 실루아노로 말미암아 너희에게 간단히
써서 권하고 이것이 하나님의 참된 은혜임을 증언하노니 너희는
이 은혜에 굳게 서라
13 택하심을 함께 받은 바벨론에 있는 교회가 너희에게 문안하고 내
아들 마가도 그리하느니라
14 너희는 사랑의 입맞춤으로 서로 문안하라
그리스도 안에 있는 너희 모든 이에게 평강이 있을지어다

5

6

7

8

9

10

11

끝 인사

12

13

14

베드로후서

1. 그리스도를 아는 지식 안에서 성장하라는 권면

(1:1-21)

2. 거짓 교사들에 대한 경고

(2~3장)

손끝에서 피어나는

하나님 나라 소망과 완성에 관한 이야기

베드로후서

따라쓰기

베드로후서

그리스도를 아는 지식 안에서 성장하라는 권면

1장 1절-21절

1장

부르심과 택하심

1 예수 그리스도의 종이며 사도인 시몬 베드로는 우리 하나님과 구
주 예수 그리스도의 의를 힘입어 동일하게 보배로운 믿음을 우리
와 함께 받은 자들에게 편지하노니
2 하나님과 우리 주 예수를 앎으로 은혜와 평강이 너희에게 더욱 많
을지어다
3 그의 신기한 능력으로 생명과 경건에 속한 모든 것을 우리에게 주
셨으니 이는 자기의 영광과 덕으로써 우리를 부르신 이를 앎으로
말미암음이라
4 이로써 그 보배롭고 지극히 큰 약속을 우리에게 주사 이 약속으로
말미암아 너희가 정욕 때문에 세상에서 썩어질 것을 피하여 신성
한 성품에 참여하는 자가 되게 하려 하셨느니라
5 그러므로 너희가 더욱 힘써 너희 믿음에 덕을, 덕에 지식을,
6 지식에 절제를, 절제에 인내를, 인내에 경건을,
7 경건에 형제 우애를, 형제 우애에 사랑을 더하라
8 이런 것이 너희에게 있어 흡족한즉 너희로 우리 주 예수 그리스도
를 알기에 게으르지 않고 열매 없는 자가 되지 않게 하려니와
9 이런 것이 없는 자는 맹인이라 멀리 보지 못하고 그의 옛 죄가 깨끗
하게 된 것을 잊었느니라
10 그러므로 형제들아 더욱 힘써 너희 부르심과 택하심을 굳게 하라
너희가 이것을 행한즉 언제든지 실족하지 아니하리라

[1장] 부르심과 택하심

1

2

3

4

5

6

7

8

9

10

베드로후서

그리스도를 아는 지식 안에서 성장하라는 권면

1장 1절-21절

1장

11 이같이 하면 우리 주 곧 구주 예수 그리스도의 영원한 나라에 들어
감을 넉넉히 너희에게 주시리라

그리스도의 영광과 성경의 예언

12 그러므로 너희가 이것을 알고 이미 있는 진리에 서 있으나 내가 항
상 너희에게 생각나게 하려 하노라
13 내가 이 장막에 있을 동안에 너희를 일깨워 생각나게 함이 옳은 줄
로 여기노니
14 이는 우리 주 예수 그리스도께서 내게 지시하신 것 같이 나도 나의
장막을 벗어날 것이 임박한 줄을 앎이라
15 내가 힘써 너희로 하여금 내가 떠난 후에라도 어느 때나 이런 것을
생각나게 하려 하노라
16 우리 주 예수 그리스도의 능력과 강림하심을 너희에게 알게 한 것
이 교묘히 만든 이야기를 따른 것이 아니요 우리는 그의 크신 위엄
을 친히 본 자라
17 지극히 큰 영광 중에서 이러한 소리가 그에게 나기를 이는 내 사랑
하는 아들이요 내 기뻐하는 자라 하실 때에 그가 하나님 아버지께
존귀와 영광을 받으셨느니라
18 이 소리는 우리가 그와 함께 거룩한 산에 있을 때에 하늘로부터 난
것을 들은 것이라
19 또 우리에게는 더 확실한 예언이 있어 어두운 데를 비추는 등불과
같으니 날이 새어 샛별이 너희 마음에 떠오르기까지 너희가 이것
을 주의하는 것이 옳으니라

11

그리스도의 영광과 성경의 예언

12

13

14

15

16

17

18

19

베드로후서

그리스도를 아는 지식 안에서 성장하라는 권면

1장 1절-21절

거짓 교사들에 대한 경고

2-3장

1장

20 먼저 알 것은 성경의 모든 예언은 사사로이 풀 것이 아니니
21 예언은 언제든지 사람의 뜻으로 낸 것이 아니요 오직 성령의 감동
하심을 받은 사람들이 하나님께 받아 말한 것임이라

2장

거짓 선지자들과 거짓 선생들(유 4-13)

1 그러나 백성 가운데 또한 거짓 선지자들이 일어났었나니 이와 같
이 너희 중에도 거짓 선생들이 있으리라 그들은 멸망하게 할 이단
을 가만히 끌어들여 자기들을 사신 주를 부인하고 임박한 멸망을
스스로 취하는 자들이라
2 여럿이 그들의 호색하는 것을 따르리니 이로 말미암아 진리의 도
가 비방을 받을 것이요
3 그들이 탐심으로써 지어낸 말을 가지고 너희로 이득을 삼으니 그
들의 심판은 옛적부터 지체하지 아니하며 그들의 멸망은 잠들지
아니하느니라
4 하나님이 범죄한 천사들을 용서하지 아니하시고 지옥에 던져 어두
운 구덩이에 두어 심판 때까지 지키게 하셨으며
5 옛 세상을 용서하지 아니하시고 오직 의를 전파하는 노아와 그 일
곱 식구를 보존하시고 경건하지 아니한 자들의 세상에 홍수를 내
리셨으며
6 소돔과 고모라 성을 멸망하기로 정하여 재가 되게 하사 후세에 경
건하지 아니할 자들에게 본을 삼으셨으며
7 무법한 자들의 음란한 행실로 말미암아 고통 당하는 의로운 롯을
건지셨으니

20

21

[2장] 거짓 선지자들과 거짓 선생들(유 4-13)

1

2

3

4

5

6

7

거짓 교사들에 대한 경고

2-3장

1장

8 (이는 이 의인이 그들 중에 거하여 날마다 저 불법한 행실을 보고
들음으로 그 의로운 심령이 상함이라)
9 주께서 경건한 자는 시험에서 건지실 줄 아시고 불의한 자는 형벌
아래에 두어 심판 날까지 지키시며
10 특별히 육체를 따라 더러운 정욕 가운데서 행하며 주관하는 이를
멸시하는 자들에게는 형벌할 줄 아시느니라 이들은 당돌하고 자긍
하며 떨지 않고 영광 있는 자들을 비방하거니와
11 더 큰 힘과 능력을 가진 천사들도 주 앞에서 그들을 거슬러 비방하
는 고발을 하지 아니하느니라
12 그러나 이 사람들은 본래 잡혀 죽기 위하여 난 이성 없는 짐승 같
아서 그 알지 못하는 것을 비방하고 그들의 멸망 가운데서 멸망을
당하며
13 불의의 값으로 불의를 당하며 낮에 즐기고 노는 것을 기쁘게 여기
는 자들이니 점과 흠이라 너희와 함께 연회할 때에 그들의 속임수
로 즐기고 놀며
14 음심이 가득한 눈을 가지고 범죄하기를 그치지 아니하고 굳세지
못한 영혼들을 유혹하며 탐욕에 연단된 마음을 가진 자들이니 저
주의 자식이라
15 그들이 바른 길을 떠나 미혹되어 브올의 아들 발람의 길을 따르는
도다 그는 불의의 삯을 사랑하다가
16 자기의 불법으로 말미암아 책망을 받되 말하지 못하는 나귀가
사람의 소리로 말하여 이 선지자의 미친 행동을 저지하였느니라

8

9

10

11

12

13

14

15

16

거짓 교사들에 대한 경고

2-3장

2장

17 이 사람들은 물 없는 샘이요 광풍에 밀려 가는 안개니 그들을 위하
여 캄캄한 어둠이 예비되어 있나니
18 그들이 허탄한 자랑의 말을 토하며 그릇되게 행하는 사람들에게서
겨우 피한 자들을 음란으로써 육체의 정욕 중에서 유혹하는도다
19 그들에게 자유를 준다 하여도 자신들은 멸망의 종들이니 누구든지
진 자는 이긴 자의 종이 됨이라
20 만일 그들이 우리 주 되신 구주 예수 그리스도를 앎으로 세상의
더러움을 피한 후에 다시 그 중에 얽매이고 지면 그 나중 형편이
처음보다 더 심하리니
21 의의 도를 안 후에 받은 거룩한 명령을 저버리는 것보다 알지 못하
는 것이 도리어 그들에게 나으니라
22 참된 속담에 이르기를 개가 그 토하였던 것에 돌아가고 돼지가 씻
었다가 더러운 구덩이에 도로 누웠다 하는 말이 그들에게 응하였
도다

3장

하나님의 날

1 사랑하는 자들아 내가 이제 이 둘째 편지를 너희에게 쓰노니 이 두
편지로 너희의 진실한 마음을 일깨워 생각나게 하여
2 곧 거룩한 선지자들이 예언한 말씀과 주 되신 구주께서 너희의
사도들로 말미암아 명하신 것을 기억하게 하려 하노라
3 먼저 이것을 알지니 말세에 조롱하는 자들이 와서 자기의 정욕을
따라 행하며 조롱하여

17

18

19

20

21

22

[3장] 하나님의 날

1

2

3

베드로후서

거짓 교사들에 대한 경고

2-3장

3장

4 이르되 주께서 강림하신다는 약속이 어디 있느냐 조상들이 잔 후
로부터 만물이 처음 창조될 때와 같이 그냥 있다 하니
5 이는 하늘이 옛적부터 있는 것과 땅이 물에서 나와 물로 성립된 것
도 하나님의 말씀으로 된 것을 그들이 일부러 잊으려 함이로다
6 이로 말미암아 그 때에 세상은 물이 넘침으로 멸망하였으되
7 이제 하늘과 땅은 그 동일한 말씀으로 불사르기 위하여 보호하신
바 되어 경건하지 아니한 사람들의 심판과 멸망의 날까지 보존하
여 두신 것이니라
8 사랑하는 자들아 주께는 하루가 천 년 같고 천 년이 하루 같다는
이 한 가지를 잊지 말라
9 주의 약속은 어떤 이들이 더디다고 생각하는 것 같이 더딘 것이 아
니라 오직 주께서는 너희를 대하여 오래 참으사 아무도 멸망하지
아니하고 다 회개하기에 이르기를 원하시느니라
10 그러나 주의 날이 도둑 같이 오리니 그 날에는 하늘이 큰 소리로
떠나가고 물질이 뜨거운 불에 풀어지고 땅과 그 중에 있는 모든 일
이 드러나리로다
11 이 모든 것이 이렇게 풀어지리니 너희가 어떠한 사람이 되어야 마
땅하냐 거룩한 행실과 경건함으로
12 하나님의 날이 임하기를 바라보고 간절히 사모하라 그 날에 하늘
이 불에 타서 풀어지고 물질이 뜨거운 불에 녹아지려니와
13 우리는 그의 약속대로 의가 있는 곳인 새 하늘과 새 땅을 바라보도다

4

5

6

7

8

9

10

11

12

13

거짓 교사들에 대한 경고

2-3장

3장

14 그러므로 사랑하는 자들아 너희가 이것을 바라보나니 주 앞에서
점도 없고 흠도 없이 평강 가운데서 나타나기를 힘쓰라
15 또 우리 주의 오래 참으심이 구원이 될 줄로 여기라 우리가 사랑하
는 형제 바울도 그 받은 지혜대로 너희에게 이같이 썼고
16 또 그 모든 편지에도 이런 일에 관하여 말하였으되 그 중에 알기
어려운 것이 더러 있으니 무식한 자들과 굳세지 못한 자들이 다른
성경과 같이 그것도 억지로 풀다가 스스로 멸망에 이르느니라
17 그러므로 사랑하는 자들아 너희가 이것을 미리 알았은즉 무법한
자들의 미혹에 이끌려 너희가 굳센 데서 떨어질까 삼가라
18 오직 우리 주 곧 구주 예수 그리스도의 은혜와 그를 아는 지식에서
자라 가라 영광이 이제와 영원한 날까지 그에게 있을지어다

벧후 3:14-18 따라 쓴 날 . .

14

15

16

17

18

[기도와 묵상]

요한 1, 2, 3서

요한 일서

1. 서론

(1:1~4)

2. 하나님은 빛이라

(1:5~2:27)

3. 하나님은 의로우시다

(2:28-4:6)

4. 하나님은 사랑이시라

(4:7~5:12)

5. 결론

(5:13~21)

요한1서

서론

1장 1절–4절

하나님은 빛이라

1장 5절–2장 27절

1장

생명의 말씀

1 태초부터 있는 생명의 말씀에 관하여는 우리가 들은 바요 눈으로
본 바요 자세히 보고 우리의 손으로 만진 바라
2 이 생명이 나타내신 바 된지라 이 영원한 생명을 우리가 보았고
증언하여 너희에게 전하노니 이는 아버지와 함께 계시다가 우리에
게 나타내신 바 된 이시니라
3 우리가 보고 들은 바를 너희에게도 전함은 너희로 우리와 사귐이
있게 하려 함이니 우리의 사귐은 아버지와 그의 아들 예수 그리스
도와 더불어 누림이라
4 우리가 이것을 씀은 우리의 기쁨이 충만하게 하려 함이라

하나님은 빛이시다

5 우리가 그에게서 듣고 너희에게 전하는 소식은 이것이니 곧 하나님
은 빛이시라 그에게는 어둠이 조금도 없으시다는 것이니라
6 만일 우리가 하나님과 사귐이 있다 하고 어둠에 행하면 거짓말을
하고 진리를 행하지 아니함이거니와
7 그가 빛 가운데 계신 것 같이 우리도 빛 가운데 행하면 우리가 서로
사귐이 있고 그 아들 예수의 피가 우리를 모든 죄에서 깨끗하게
하실 것이요
8 만일 우리가 죄가 없다고 말하면 스스로 속이고 또 진리가 우리 속
에 있지 아니할 것이요

[1장] 생명의 말씀

1

2

3

4

하나님은 빛이시다

5

6

7

8

요한1서

하나님은 빛이라

1장 5절–2장 27절

1장

9 만일 우리가 우리 죄를 자백하면 그는 미쁘시고 의로우사 우리 죄
를 사하시며 우리를 모든 불의에서 깨끗하게 하실 것이요
10 만일 우리가 범죄하지 아니하였다 하면 하나님을 거짓말하는 이로
만드는 것이니 또한 그의 말씀이 우리 속에 있지 아니하니라

2장

대언자이신 예수 그리스도

1 나의 자녀들아 내가 이것을 너희에게 씀은 너희로 죄를 범하지 않
게 하려 함이라 만일 누가 죄를 범하여도 아버지 앞에서 우리에게
대언자가 있으니 곧 의로우신 예수 그리스도시라
2 그는 우리 죄를 위한 화목제물이니 우리만 위할 뿐 아니요 온 세상
의 죄를 위하심이라
3 우리가 그의 계명을 지키면 이로써 우리가 그를 아는 줄로 알 것이요
4 그를 아노라 하고 그의 계명을 지키지 아니하는 자는 거짓말하는
자요 진리가 그 속에 있지 아니하되
5 누구든지 그의 말씀을 지키는 자는 하나님의 사랑이 참으로 그 속에
서 온전하게 되었나니 이로써 우리가 그의 안에 있는 줄을 아노라
6 그의 안에 산다고 하는 자는 그가 행하시는 대로 자기도 행할지니라

옛 계명과 새 계명

7 사랑하는 자들아 내가 새 계명을 너희에게 쓰는 것이 아니라 너희
가 처음부터 가진 옛 계명이니 이 옛 계명은 너희가 들은 바 말씀이
거니와

9

10

[2장] 대언자이신 예수 그리스도

1

2

3

4

5

6

옛 계명과 새 계명

7

하나님은 빛이라

1장 5절-2장 27절

2장

8 다시 내가 너희에게 새 계명을 쓰노니 그에게와 너희에게도 참된
것이라 이는 어둠이 지나가고 참빛이 벌써 비침이니라
9 빛 가운데 있다 하면서 그 형제를 미워하는 자는 지금까지 어둠에
있는 자요
10 그의 형제를 사랑하는 자는 빛 가운데 거하여 자기 속에 거리낌이
없으나
11 그의 형제를 미워하는 자는 어둠에 있고 또 어둠에 행하며 갈 곳을
알지 못하나니 이는 그 어둠이 그의 눈을 멀게 하였음이라
12 자녀들아 내가 너희에게 쓰는 것은 너희 죄가 그의 이름으로 말미
암아 사함을 받았음이요
13 아비들아 내가 너희에게 쓰는 것은 너희가 태초부터 계신 이를 알
았음이요 청년들아 내가 너희에게 쓰는 것은 너희가 악한 자를 이
기었음이라
14 아이들아 내가 너희에게 쓴 것은 너희가 아버지를 알았음이요 아
비들아 내가 너희에게 쓴 것은 너희가 태초부터 계신 이를 알았음
이요 청년들아 내가 너희에게 쓴 것은 너희가 강하고 하나님의 말
씀이 너희 안에 거하시며 너희가 흉악한 자를 이기었음이라
15 이 세상이나 세상에 있는 것들을 사랑하지 말라 누구든지 세상을
사랑하면 아버지의 사랑이 그 안에 있지 아니하니
16 이는 세상에 있는 모든 것이 육신의 정욕과 안목의 정욕과 이생의
자랑이니 다 아버지께로부터 온 것이 아니요 세상으로부터 온 것
이라

8

9

10

11

12

13

14

15

16

하나님은 빛이라

1장 5절-2장 27절

2장

17 이 세상도, 그 정욕도 지나가되 오직 하나님의 뜻을 행하는 자는
영원히 거하느니라

적그리스도와 하나님의 자녀

18 아이들아 지금은 마지막 때라 적그리스도가 오리라는 말을 너희가
들은 것과 같이 지금도 많은 적그리스도가 일어났으니 그러므로
우리가 마지막 때인 줄 아노라
19 그들이 우리에게서 나갔으나 우리에게 속하지 아니하였나니 만일
우리에게 속하였더라면 우리와 함께 거하였으려니와 그들이 나간
것은 다 우리에게 속하지 아니함을 나타내려 함이니라
20 너희는 거룩하신 자에게서 기름 부음을 받고 모든 것을 아느니라
21 내가 너희에게 쓰는 것은 너희가 진리를 알지 못하기 때문이 아니
라 알기 때문이요 또 모든 거짓은 진리에서 나지 않기 때문이라
22 거짓말하는 자가 누구냐 예수께서 그리스도이심을 부인하는 자가
아니냐 아버지와 아들을 부인하는 그가 적그리스도니
23 아들을 부인하는 자에게는 또한 아버지가 없으되 아들을 시인하는
자에게는 아버지도 있느니라
24 너희는 처음부터 들은 것을 너희 안에 거하게 하라 처음부터 들은
것이 너희 안에 거하면 너희가 아들과 아버지 안에 거하리라
25 그가 우리에게 약속하신 것은 이것이니 곧 영원한 생명이니라
26 너희를 미혹하는 자들에 관하여 내가 이것을 너희에게 썼노라

17

적그리스도와 하나님의 자녀

18

19

20

21

22

23

24

25

26

요한1서

하나님은 빛이라

1장 5절-2장 27절

하나님은 의로우시다

2장 28절-4장 6절

2장

27 너희는 주께 받은 바 기름 부음이 너희 안에 거하나니 아무도 너희
를 가르칠 필요가 없고 오직 그의 기름 부음이 모든 것을 너희에게
가르치며 또 참되고 거짓이 없으니 너희를 가르치신 그대로 주 안
에 거하라
28 자녀들아 이제 그의 안에 거하라 이는 주께서 나타내신 바 되면 그
가 강림하실 때에 우리로 담대함을 얻어 그 앞에서 부끄럽지 않게
하려 함이라
29 너희가 그가 의로우신 줄을 알면 의를 행하는 자마다 그에게서 난
줄을 알리라

3장

1 보라 아버지께서 어떠한 사랑을 우리에게 베푸사 하나님의 자녀라
일컬음을 받게 하셨는가, 우리가 그러하도다 그러므로 세상이 우
리를 알지 못함은 그를 알지 못함이라
2 사랑하는 자들아 우리가 지금은 하나님의 자녀라 장래에 어떻게
될지는 아직 나타나지 아니하였으나 그가 나타나시면 우리가 그와
같을 줄을 아는 것은 그의 참모습 그대로 볼 것이기 때문이니
3 주를 향하여 이 소망을 가진 자마다 그의 깨끗하심과 같이 자기를
깨끗하게 하느니라
4 죄를 짓는 자마다 불법을 행하나니 죄는 불법이라
5 그가 우리 죄를 없애려고 나타나신 것을 너희가 아나니 그에게는
죄가 없느니라

27

28

29

[3장]

1

2

3

4

5

하나님은 의로우시다

2장 28절–4장 6절

3장

6 그 안에 거하는 자마다 범죄하지 아니하나니 범죄하는 자마다 그
를 보지도 못하였고 그를 알지도 못하였느니라
7 자녀들아 아무도 너희를 미혹하지 못하게 하라 의를 행하는 자는
그의 의로우심과 같이 의롭고
8 죄를 짓는 자는 마귀에게 속하나니 마귀는 처음부터 범죄함이라
하나님의 아들이 나타나신 것은 마귀의 일을 멸하려 하심이라
9 하나님께로부터 난 자마다 죄를 짓지 아니하나니 이는 하나님의
씨가 그의 속에 거함이요 그도 범죄하지 못하는 것은 하나님께로
부터 났음이라
10 이러므로 하나님의 자녀들과 마귀의 자녀들이 드러나나니 무릇 의
를 행하지 아니하는 자나 또는 그 형제를 사랑하지 아니하는 자는
하나님께 속하지 아니하니라
11 우리는 서로 사랑할지니 이는 너희가 처음부터 들은 소식이라
12 가인 같이 하지 말라 그는 악한 자에게 속하여 그 아우를 죽였으니
어떤 이유로 죽였느냐 자기의 행위는 악하고 그의 아우의 행위는
의로움이라

행함과 진실함으로 사랑하자

13 형제들아 세상이 너희를 미워하여도 이상히 여기지 말라
14 우리는 형제를 사랑함으로 사망에서 옮겨 생명으로 들어간 줄을
알거니와 사랑하지 아니하는 자는 사망에 머물러 있느니라
15 그 형제를 미워하는 자마다 살인하는 자니 살인하는 자마다 영생
이 그 속에 거하지 아니하는 것을 너희가 아는 바라

6

7

8

9

10

11

12

행함과 진실함으로 사랑하자

13

14

15

하나님은 의로우시다

2장 28절–4장 6절

3장

16 그가 우리를 위하여 목숨을 버리셨으니 우리가 이로써 사랑을 알
고 우리도 형제들을 위하여 목숨을 버리는 것이 마땅하니라
17 누가 이 세상의 재물을 가지고 형제의 궁핍함을 보고도 도와 줄 마
음을 닫으면 하나님의 사랑이 어찌 그 속에 거하겠느냐
18 자녀들아 우리가 말과 혀로만 사랑하지 말고 행함과 진실함으로
하자
19 이로써 우리가 진리에 속한 줄을 알고 또 우리 마음을 주 앞에서
굳세게 하리니
20 이는 우리 마음이 혹 우리를 책망할 일이 있어도 하나님은 우리 마
음보다 크시고 모든 것을 아시기 때문이라
21 사랑하는 자들아 만일 우리 마음이 우리를 책망할 것이 없으면 하
나님 앞에서 담대함을 얻고
22 무엇이든지 구하는 바를 그에게서 받나니 이는 우리가 그의 계명
을 지키고 그 앞에서 기뻐하시는 것을 행함이라
23 그의 계명은 이것이니 곧 그 아들 예수 그리스도의 이름을 믿고 그
가 우리에게 주신 계명대로 서로 사랑할 것이니라
24 그의 계명을 지키는 자는 주 안에 거하고 주는 그의 안에 거하시나
니 우리에게 주신 성령으로 말미암아 그가 우리 안에 거하시는 줄
을 우리가 아느니라

4장

하나님의 영과 적그리스도의 영

1 사랑하는 자들아 영을 다 믿지 말고 오직 영들이 하나님께 속하였
나 분별하라 많은 거짓 선지자가 세상에 나왔음이라

16

17

18

19

20

21

22

23

24

[4장] 하나님의 영과 적그리스도의 영

1

요한1서

하나님은 의로우시다

2장 28절–4장 6절

하나님은 사랑이시라

4장 7절–5장 12절

4장

2 이로써 너희가 하나님의 영을 알지니 곧 예수 그리스도께서 육체
로 오신 것을 시인하는 영마다 하나님께 속한 것이요
3 예수를 시인하지 아니하는 영마다 하나님께 속한 것이 아니니 이
것이 곧 적그리스도의 영이니라 오리라 한 말을 너희가 들었거니
와 지금 벌써 세상에 있느니라
4 자녀들아 너희는 하나님께 속하였고 또 그들을 이기었나니 이는
너희 안에 계신 이가 세상에 있는 자보다 크심이라
5 그들은 세상에 속한 고로 세상에 속한 말을 하매 세상이 그들의 말
을 듣느니라
6 우리는 하나님께 속하였으니 하나님을 아는 자는 우리의 말을
듣고 하나님께 속하지 아니한 자는 우리의 말을 듣지 아니하나니
진리의 영과 미혹의 영을 이로써 아느니라

하나님은 사랑이시다

7 사랑하는 자들아 우리가 서로 사랑하자 사랑은 하나님께 속한 것
이니 사랑하는 자마다 하나님으로부터 나서 하나님을 알고
8 사랑하지 아니하는 자는 하나님을 알지 못하나니 이는 하나님은
사랑이심이라
9 하나님의 사랑이 우리에게 이렇게 나타난 바 되었으니 하나님이 자기
의 독생자를 세상에 보내심은 그로 말미암아 우리를 살리려 하심이라
10 사랑은 여기 있으니 우리가 하나님을 사랑한 것이 아니요 하나님
이 우리를 사랑하사 우리 죄를 속하기 위하여 화목제물로 그 아들
을 보내셨음이라

2

3

4

5

6

하나님은 사랑이시다

7

8

9

10

요한1서

하나님은 사랑이시라

4장 7절–5장 12절

4장

11 사랑하는 자들아 하나님이 이같이 우리를 사랑하셨은즉 우리도 서
로 사랑하는 것이 마땅하도다
12 어느 때나 하나님을 본 사람이 없으되 만일 우리가 서로 사랑하면
하나님이 우리 안에 거하시고 그의 사랑이 우리 안에 온전히 이루
어지느니라
13 그의 성령을 우리에게 주시므로 우리가 그 안에 거하고 그가 우리
안에 거하시는 줄을 아느니라
14 아버지가 아들을 세상의 구주로 보내신 것을 우리가 보았고 또
증언하노니
15 누구든지 예수를 하나님의 아들이라 시인하면 하나님이 그의 안에
거하시고 그도 하나님 안에 거하느니라
16 하나님이 우리를 사랑하시는 사랑을 우리가 알고 믿었노니 하나님
은 사랑이시라 사랑 안에 거하는 자는 하나님 안에 거하고 하나님
도 그의 안에 거하시느니라
17 이로써 사랑이 우리에게 온전히 이루어진 것은 우리로 심판 날에
담대함을 가지게 하려 함이니 주께서 그러하심과 같이 우리도 이
세상에서 그러하니라
18 사랑 안에 두려움이 없고 온전한 사랑이 두려움을 내쫓나니 두려
움에는 형벌이 있음이라 두려워하는 자는 사랑 안에서 온전히 이
루지 못하였느니라
19 우리가 사랑함은 그가 먼저 우리를 사랑하셨음이라

11

12

13

14

15

16

17

18

19

하나님은 사랑이시라

4장 7절–5장 12절

4장

20 누구든지 하나님을 사랑하노라 하고 그 형제를 미워하면 이는
거짓말하는 자니 보는 바 그 형제를 사랑하지 아니하는 자는 보지
못하는 바 하나님을 사랑할 수 없느니라
21 우리가 이 계명을 주께 받았나니 하나님을 사랑하는 자는 또한 그
형제를 사랑할지니라

5장

세상을 이기는 믿음

1 예수께서 그리스도이심을 믿는 자마다 하나님께로부터 난 자니
또한 낳으신 이를 사랑하는 자마다 그에게서 난 자를 사랑하느
니라
2 우리가 하나님을 사랑하고 그의 계명들을 지킬 때에 이로써 우리
가 하나님의 자녀를 사랑하는 줄을 아느니라
3 하나님을 사랑하는 것은 이것이니 우리가 그의 계명들을 지키는
것이라 그의 계명들은 무거운 것이 아니로다
4 무릇 하나님께로부터 난 자마다 세상을 이기느니라 세상을 이기는
승리는 이것이니 우리의 믿음이니라
5 예수께서 하나님의 아들이심을 믿는 자가 아니면 세상을 이기는
자가 누구냐
6 이는 물과 피로 임하신 이시니 곧 예수 그리스도시라 물로만 아
니요 물과 피로 임하셨고 증언하는 이는 성령이시니 성령은 진리
니라
7 증언하는 이가 셋이니
8 성령과 물과 피라 또한 이 셋은 합하여 하나이니라

20

21

[5장] 세상을 이기는 믿음

1

2

3

4

5

6

7

8

요한1서

하나님은 사랑이시라

4장 7절–5장 12절

결론

5장 13절–21절

5장

9 만일 우리가 사람들의 증언을 받을진대 하나님의 증거는 더욱 크
도다 하나님의 증거는 이것이니 그의 아들에 대하여 증언하신 것
이니라
10 하나님의 아들을 믿는 자는 자기 안에 증거가 있고 하나님을 믿지
아니하는 자는 하나님을 거짓말하는 자로 만드나니 이는 하나님께
서 그 아들에 대하여 증언하신 증거를 믿지 아니하였음이라
11 또 증거는 이것이니 하나님이 우리에게 영생을 주신 것과 이 생명
이 그의 아들 안에 있는 그것이니라
12 아들이 있는 자에게는 생명이 있고 하나님의 아들이 없는 자에게
는 생명이 없느니라

영생을 알게 하려 함이라

13 내가 하나님의 아들의 이름을 믿는 너희에게 이것을 쓰는 것은 너
희로 하여금 너희에게 영생이 있음을 알게 하려 함이라
14 그를 향하여 우리가 가진 바 담대함이 이것이니 그의 뜻대로 무엇
을 구하면 들으심이라
15 우리가 무엇이든지 구하는 바를 들으시는 줄을 안즉 우리가 그에
게 구한 그것을 얻은 줄을 또한 아느니라
16 누구든지 형제가 사망에 이르지 아니하는 죄 범하는 것을 보거든
구하라 그리하면 사망에 이르지 아니하는 범죄자들을 위하여
그에게 생명을 주시리라 사망에 이르는 죄가 있으니 이에 관하여
나는 구하라 하지 않노라
17 모든 불의가 죄로되 사망에 이르지 아니하는 죄도 있도다

9

10

11

12

영생을 알게 하려 함이라

13

14

15

16

17

결론

5장 13절–21절

5장

18 하나님께로부터 난 자는 다 범죄하지 아니하는 줄을 우리가 아노
라 하나님께로부터 나신 자가 그를 지키시매 악한 자가 그를 만지
지도 못하느니라
19 또 아는 것은 우리는 하나님께 속하고 온 세상은 악한 자 안에 처
한 것이며
20 또 아는 것은 하나님의 아들이 이르러 우리에게 지각을 주사
우리로 참된 자를 알게 하신 것과 또한 우리가 참된 자 곧 그의
아들 예수 그리스도 안에 있는 것이니 그는 참 하나님이시요
영생이시라
21 자녀들아 너희 자신을 지켜 우상에게서 멀리하라

18

19

20

21

[기도와 묵상]

요한 1, 2, 3서

요한 이서

1. 인사

(1:1~3)

2. 사랑의 계명

(1:4~6)

3. 미혹하는 자에 대한 경계

(1:7~11)

4. 결론

(1:12~13)

요한2서

인사 1장 1절-3절
사랑의 계명 1장 4절-6절
미혹하는 자에 대한 경계 1장 7절-11절

1장

인사

1 장로인 나는 택하심을 받은 부녀와 그의 자녀들에게 편지하노니
내가 참으로 사랑하는 자요 나뿐 아니라 진리를 아는 모든 자도
그리하는 것은
2 우리 안에 거하여 영원히 우리와 함께 할 진리로 말미암음이로다
3 은혜와 긍휼과 평강이 하나님 아버지와 아버지의 아들 예수 그리
스도께로부터 진리와 사랑 가운데서 우리와 함께 있으리라

진리와 사랑

4 너의 자녀들 중에 우리가 아버지께 받은 계명대로 진리를 행하는
자를 내가 보니 심히 기쁘도다
5 부녀여, 내가 이제 네게 구하노니 서로 사랑하자 이는 새 계명 같이
네게 쓰는 것이 아니요 처음부터 우리가 가진 것이라
6 또 사랑은 이것이니 우리가 그 계명을 따라 행하는 것이요 계명은
이것이니 너희가 처음부터 들은 바와 같이 그 가운데서 행하라 하
심이라
7 미혹하는 자가 세상에 많이 나왔나니 이는 예수 그리스도께서 육체
로 오심을 부인하는 자라 이런 자가 미혹하는 자요 적그리스도니
8 너희는 스스로 삼가 우리가 일한 것을 잃지 말고 오직 온전한 상을
받으라
9 지나쳐 그리스도의 교훈 안에 거하지 아니하는 자는 다 하나님을
모시지 못하되 교훈 안에 거하는 그 사람은 아버지와 아들을 모시
느니라

[1장] 인사

1

2

3

진리와 사랑

4

5

6

7

8

9

요한2서

미혹하는 자에 대한 경계

1장 7절–11절

결론

1장 12절–13절

1장

10 누구든지 이 교훈을 가지지 않고 너희에게 나아가거든 그를 집에
들이지도 말고 인사도 하지 말라
11 그에게 인사하는 자는 그 악한 일에 참여하는 자임이라

끝 인사

12 내가 너희에게 쓸 것이 많으나 종이와 먹으로 쓰기를 원하지 아니
하고 오히려 너희에게 가서 대면하여 말하려 하니 이는 너희 기쁨
을 충만하게 하려 함이라
13 택하심을 받은 네 자매의 자녀들이 네게 문안하느니라

10

11

끝 인사

12

13

[기도와 묵상]

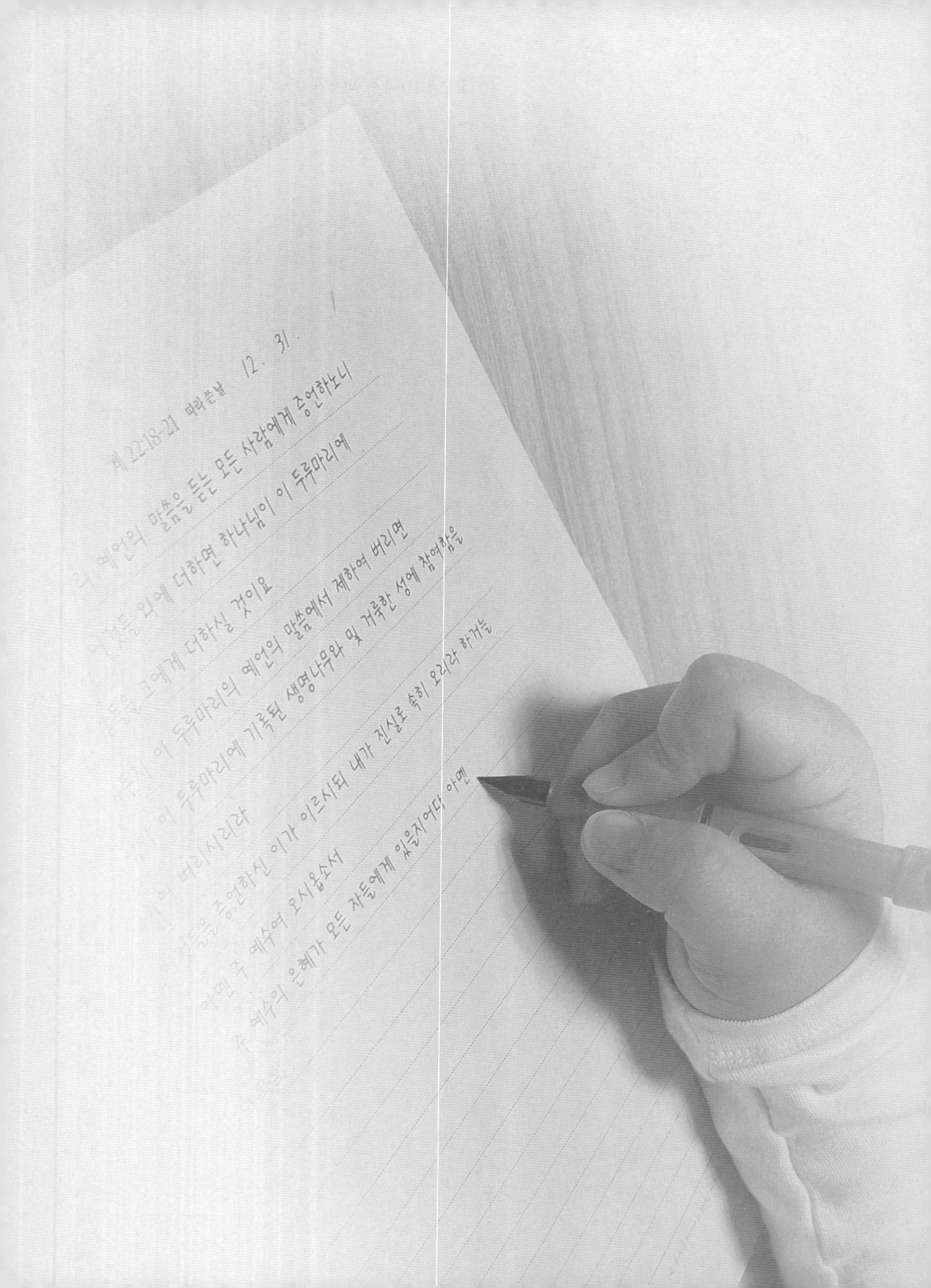
계 22:18-21 따라쓴날 12. 31.
예언의 말씀을 듣는 모든 사람에게 증언하노니
이것들 외에 더하면 하나님이 이 두루마리에
들을 그에게 더하실 것이요
이 두루마리의 예언의 말씀에서 제하여 버리면
이 두루마리에 기록된 생명나무와 및 거룩한 성에 참여함을
버리시리라
증언하신 이가 이르시되 내가 진실로 속히 오리라 하거늘
아멘 주 예수여 오시옵소서
주 예수의 은혜가 모든 자들에게 있을지어다 아멘

요한 1, 2, 3서

요한 삼서

1. 인사

(1:1~2)

2. 가이오를 칭찬함

(1:3~8)

3. 디오드레베를 책망함

(1:9~11)

4. 데메드리오를 칭찬함

(1:12)

5. 결론

(1:13~15)

요한3서

인사

1장 1절–2절

가이오를 칭찬함

1장 3절–8절

1장

인사

1 장로인 나는 사랑하는 가이오 곧 내가 참으로 사랑하는 자에게
편지하노라
2 사랑하는 자여 네 영혼이 잘됨 같이 네가 범사에 잘되고 강건하기
를 내가 간구하노라
3 형제들이 와서 네게 있는 진리를 증언하되 네가 진리 안에서 행한
다 하니 내가 심히 기뻐하노라
4 내가 내 자녀들이 진리 안에서 행한다 함을 듣는 것보다 더 기쁜
일이 없도다

영접함과 내쫓음

5 사랑하는 자여 네가 무엇이든지 형제 곧 나그네 된 자들에게 행하
는 것은 신실한 일이니
6 그들이 교회 앞에서 너의 사랑을 증언하였느니라 네가 하나님께
합당하게 그들을 전송하면 좋으리로다
7 이는 그들이 주의 이름을 위하여 나가서 이방인에게 아무 것도
받지 아니함이라
8 그러므로 우리가 이같은 자들을 영접하는 것이 마땅하니 이는
우리로 진리를 위하여 함께 일하는 자가 되게 하려 함이라

[1장] 인사

1

2

3

4

영접함과 내쫓음

5

6

7

8

[기도와 묵상]

요한3서

디오드레베를 책망함 1장 9절-11절
데메드리오를 칭찬함 1장 12절
결론 1장 13절-15절

1장

9 내가 두어 자를 교회에 썼으나 그들 중에 으뜸되기를 좋아하는
디오드레베가 우리를 맞아들이지 아니하니
10 그러므로 내가 가면 그 행한 일을 잊지 아니하리라 그가 악한 말로
우리를 비방하고도 오히려 부족하여 형제들을 맞아들이지도 아니
하고 맞아들이고자 하는 자를 금하여 교회에서 내쫓는도다
11 사랑하는 자여 악한 것을 본받지 말고 선한 것을 본받으라 선을
행하는 자는 하나님께 속하고 악을 행하는 자는 하나님을 뵈옵지
못하였느니라
12 데메드리오는 뭇 사람에게도, 진리에게서도 증거를 받았으매 우리
도 증언하노니 너는 우리의 증언이 참된 줄을 아느니라

끝 인사

13 내가 네게 쓸 것이 많으나 먹과 붓으로 쓰기를 원하지 아니하고
14 속히 보기를 바라노니 또한 우리가 대면하여 말하리라
15 평강이 네게 있을지어다 여러 친구가 네게 문안하느니라 너는
친구들의 이름을 들어 문안하라

9

10

11

12

끝 인사

13

14

15

[기도와 묵상]

유다서

1. 인사

(1:1~2)

2. 편지를 쓴 목적

(1:3~4)

3. 거짓 교사에 대한 경고

(1:5~16)

4. 성도들을 위한 교훈

(1:17~23)

5. 축복을 비는 송영

(1:24~25)

손끝에서 피어나는

하나님 나라 소망과 완성에 관한 이야기

유다서

따라쓰기

유다서

인사 1장 1절-2절

편지를 쓴 목적 1장 3절-4절

거짓 교사에 대한 경고 1장 5절-16절

1장

인사

1 예수 그리스도의 종이요 야고보의 형제인 유다는 부르심을 받은
자 곧 하나님 아버지 안에서 사랑을 얻고 예수 그리스도를 위하여
지키심을 받은 자들에게 편지하노라
2 긍휼과 평강과 사랑이 너희에게 더욱 많을지어다

거짓 교사들에게 내릴 심판(벧후 2:1-17)

3 사랑하는 자들아 우리가 일반으로 받은 구원에 관하여 내가 너희
에게 편지하려는 생각이 간절하던 차에 성도에게 단번에 주신
믿음의 도를 위하여 힘써 싸우라는 편지로 너희를 권하여야 할
필요를 느꼈노니
4 이는 가만히 들어온 사람 몇이 있음이라 그들은 옛적부터 이 판결
을 받기로 미리 기록된 자니 경건하지 아니하여 우리 하나님의
은혜를 도리어 방탕한 것으로 바꾸고 홀로 하나이신 주재 곧 우리
주 예수 그리스도를 부인하는 자니라
5 너희가 본래 모든 사실을 알고 있으나 내가 너희로 다시 생각나게
하고자 하노라 주께서 백성을 애굽에서 구원하여 내시고 후에
믿지 아니하는 자들을 멸하셨으며
6 또 자기 지위를 지키지 아니하고 자기 처소를 떠난 천사들을 큰 날
의 심판까지 영원한 결박으로 흑암에 가두셨으며
7 소돔과 고모라와 그 이웃 도시들도 그들과 같은 행동으로 음란
하며 다른 육체를 따라 가다가 영원한 불의 형벌을 받음으로 거울
이 되었느니라

[1장] 인사

1

2

거짓 교사들에게 내릴 심판(벧후 2:1-17)

3

4

5

6

7

유다서

거짓 교사에 대한 경고

1장 5절–16절

1장

8 그러한데 꿈꾸는 이 사람들도 그와 같이 육체를 더럽히며 권위를
업신여기며 영광을 비방하는도다
9 천사장 미가엘이 모세의 시체에 관하여 마귀와 다투어 변론할 때
에 감히 비방하는 판결을 내리지 못하고 다만 말하되 주께서 너를
꾸짖으시기를 원하노라 하였거늘
10 이 사람들은 무엇이든지 그 알지 못하는 것을 비방하는도다 또 그
들은 이성 없는 짐승 같이 본능으로 아는 그것으로 멸망하느니라
11 화 있을진저 이 사람들이여, 가인의 길에 행하였으며 삯을 위하여
발람의 어그러진 길로 몰려 갔으며 고라의 패역을 따라 멸망을 받
았도다
12 그들은 기탄 없이 너희와 함께 먹으니 너희의 애찬에 암초요 자기
몸만 기르는 목자요 바람에 불려가는 물 없는 구름이요 죽고 또 죽
어 뿌리까지 뽑힌 열매 없는 가을 나무요
13 자기 수치의 거품을 뿜는 바다의 거친 물결이요 영원히 예비된 캄
캄한 흑암으로 돌아갈 유리하는 별들이라
14 아담의 칠대 손 에녹이 이 사람들에 대하여도 예언하여 이르되 보
라 주께서 그 수만의 거룩한 자와 함께 임하셨나니
15 이는 뭇 사람을 심판하사 모든 경건하지 않은 자가 경건하지 않게 행
한 모든 경건하지 않은 일과 또 경건하지 않은 죄인들이 주를 거슬러
한 모든 완악한 말로 말미암아 그들을 정죄하려 하심이라 하였느니라
16 이 사람들은 원망하는 자며 불만을 토하는 자며 그 정욕대로 행하는
자라 그 입으로 자랑하는 말을 하며 이익을 위하여 아첨하느니라

유 1:8-16 따라 쓴 날 . .

8

9

10

11

12

13

14

15

16

유다서

성도들을 위한 교훈
1장 17절-23절

축복을 비는 송영
1장 24절-25절

1장

훈계와 권면

17 사랑하는 자들아 너희는 우리 주 예수 그리스도의 사도들이 미리 한 말을 기억하라

18 그들이 너희에게 말하기를 마지막 때에 자기의 경건하지 않은 정욕대로 행하며 조롱하는 자들이 있으리라 하였나니

19 이 사람들은 분열을 일으키는 자며 육에 속한 자며 성령이 없는 자니라

20 사랑하는 자들아 너희는 너희의 지극히 거룩한 믿음 위에 자신을 세우며 성령으로 기도하며

21 하나님의 사랑 안에서 자신을 지키며 영생에 이르도록 우리 주 예수 그리스도의 긍휼을 기다리라

22 어떤 의심하는 자들을 긍휼히 여기라

23 또 어떤 자를 불에서 끌어내어 구원하라 또 어떤 자를 그 육체로 더럽힌 옷까지도 미워하되 두려움으로 긍휼히 여기라

축복

24 능히 너희를 보호하사 거침이 없게 하시고 너희로 그 영광 앞에 흠이 없이 기쁨으로 서게 하실 이

25 곧 우리 구주 홀로 하나이신 하나님께 우리 주 예수 그리스도로 말미암아 영광과 위엄과 권력과 권세가 영원 전부터 이제와 영원토록 있을지어다 아멘

훈계와 권면

17

18

19

20

21

22

23

축복

24

25

[기도와 묵상]

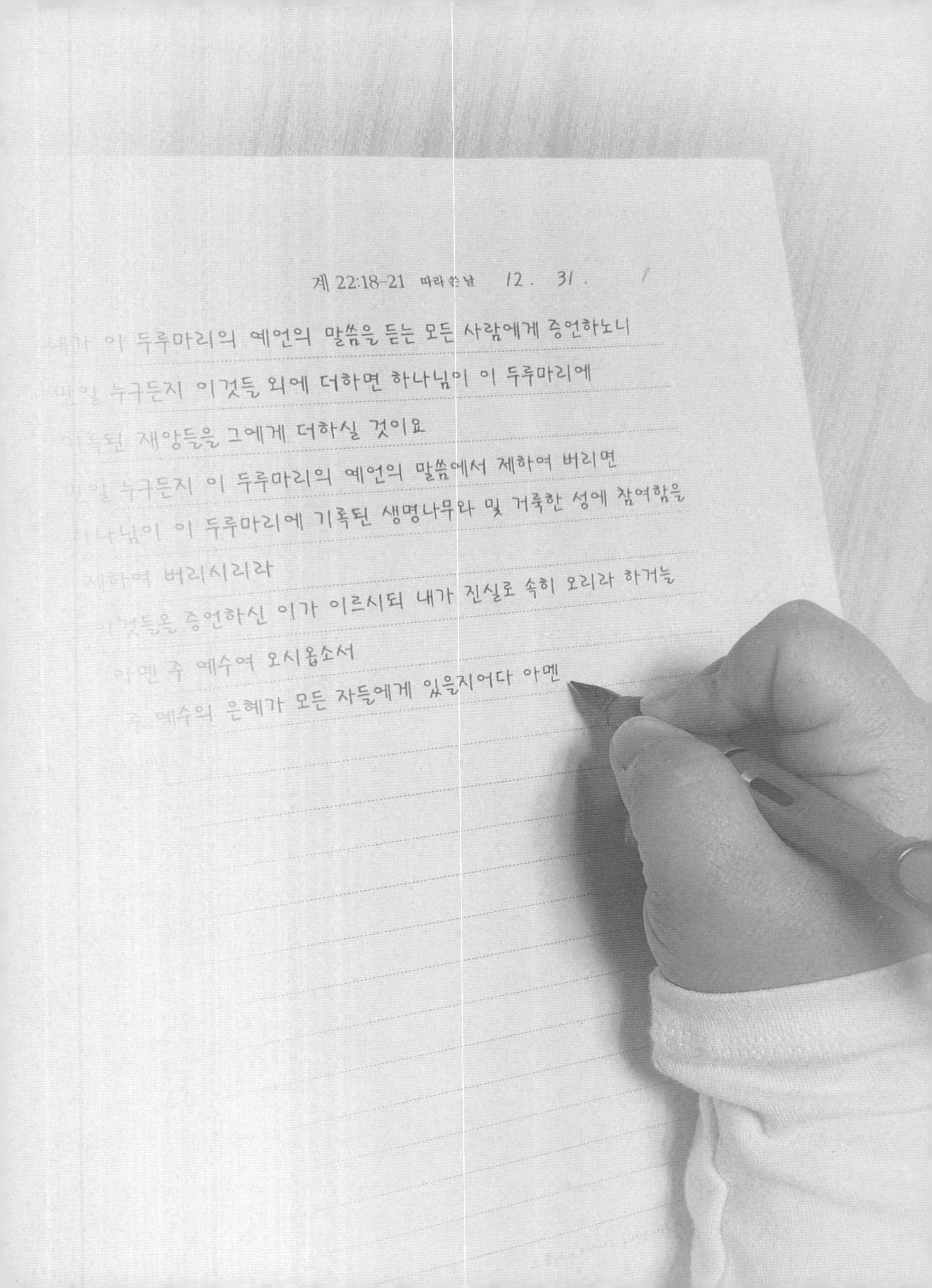
계 22:18-21 따라 쓴 날 12. 31.
내가 이 두루마리의 예언의 말씀을 듣는 모든 사람에게 증언하노니
만일 누구든지 이것들 외에 더하면 하나님이 이 두루마리에
기록된 재앙들을 그에게 더하실 것이요
만일 누구든지 이 두루마리의 예언의 말씀에서 제하여 버리면
하나님이 이 두루마리에 기록된 생명나무와 및 거룩한 성에 참여함을
제하여 버리시리라
이것들을 증언하신 이가 이르시되 내가 진실로 속히 오리라 하거늘
아멘 주 예수여 오시옵소서
주 예수의 은혜가 모든 자들에게 있을지어다 아멘

요한계시록

1. 서론 (1:1~20)

2. 일곱 교회들에 보낸 편지 (2:1~3:22)

3. 하늘 보좌 환상 (4:1~5:14)

4. 일곱 인들 (6:1~8:1)

5. 일곱 나팔 (8:2~11:19)

6. 그리스도와 용과의 싸움 (12:1~14:20)

7. 일곱 대접의 준비(15:1~8)

8. 진노의 일곱 대접(16:1~21)

9. 바벨론 심판(17:1~19:21)

10. 최종 완성(20:1~22:5)

11. 후기 (22:6~21)

손끝에서 피어나는

하나님 나라 소망과 완성에 관한 이야기

요한계시록

따라쓰기

서론

1장 1절–20절

1장

표제와 인사

1 예수 그리스도의 계시라 이는 하나님이 그에게 주사 반드시 속히
일어날 일들을 그 종들에게 보이시려고 그의 천사를 그 종 요한에
게 보내어 알게 하신 것이라
2 요한은 하나님의 말씀과 예수 그리스도의 증거 곧 자기가 본 것을
다 증언하였느니라
3 이 예언의 말씀을 읽는 자와 듣는 자와 그 가운데에 기록한 것을
지키는 자는 복이 있나니 때가 가까움이라
4 요한은 아시아에 있는 일곱 교회에 편지하노니 이제도 계시고 전
에도 계셨고 장차 오실 이와 그의 보좌 앞에 있는 일곱 영과
5 또 충성된 증인으로 죽은 자들 가운데에서 먼저 나시고 땅의 임금
들의 머리가 되신 예수 그리스도로 말미암아 은혜와 평강이 너희
에게 있기를 원하노라 우리를 사랑하사 그의 피로 우리 죄에서 우리
를 해방하시고
6 그의 아버지 하나님을 위하여 우리를 나라와 제사장으로 삼으신
그에게 영광과 능력이 세세토록 있기를 원하노라 아멘
7 볼지어다 그가 구름을 타고 오시리라 각 사람의 눈이 그를 보겠고
그를 찌른 자들도 볼 것이요 땅에 있는 모든 족속이 그로 말미암아
애곡하리니 그러하리라 아멘
8 주 하나님이 이르시되 나는 알파와 오메가라 이제도 있고 전에도
있었고 장차 올 자요 전능한 자라 하시더라

[1장] 표제와 인사

1

2

3

4

5

6

7

8

요한계시록

서론

1장 1절-20절

1장

그리스도의 명령

9 나 요한은 너희 형제요 예수의 환난과 나라와 참음에 동참하는
자라 하나님의 말씀과 예수를 증언하였음으로 말미암아 밧모라
하는 섬에 있었더니
10 주의 날에 내가 성령에 감동되어 내 뒤에서 나는 나팔 소리 같은
큰 음성을 들으니
11 이르되 네가 보는 것을 두루마리에 써서 에베소, 서머나, 버가모,
두아디라, 사데, 빌라델비아, 라오디게아 등 일곱 교회에 보내라
하시기로
12 몸을 돌이켜 나에게 말한 음성을 알아 보려고 돌이킬 때에 일곱
금 촛대를 보았는데
13 촛대 사이에 인자 같은 이가 발에 끌리는 옷을 입고 가슴에 금띠를
띠고
14 그의 머리와 털의 희기가 흰 양털 같고 눈 같으며 그의 눈은 불꽃
같고
15 그의 발은 풀무불에 단련한 빛난 주석 같고 그의 음성은 많은
물 소리와 같으며
16 그의 오른손에 일곱 별이 있고 그의 입에서 좌우에 날선 검이 나오
고 그 얼굴은 해가 힘있게 비치는 것 같더라
17 내가 볼 때에 그의 발 앞에 엎드러져 죽은 자 같이 되매 그가 오른
손을 내게 얹고 이르시되 두려워하지 말라 나는 처음이요 마지막
이니

그리스도의 명령

9

10

11

12

13

14

15

16

17

요한계시록

서론

1장 1절-20절

일곱 교회들에 보낸 편지

2장 1절-3장 22절

1장

18 곧 살아 있는 자라 내가 전에 죽었었노라 볼지어다 이제 세세토록
살아 있어 사망과 음부의 열쇠를 가졌노니
19 그러므로 네가 본 것과 지금 있는 일과 장차 될 일을 기록하라
20 네가 본 것은 내 오른손의 일곱 별의 비밀과 또 일곱 금 촛대라 일
곱 별은 일곱 교회의 사자요 일곱 촛대는 일곱 교회니라

2장

에베소 교회에 보내는 말씀

1 에베소 교회의 사자에게 편지하라 오른손에 있는 일곱 별을 붙잡
고 일곱 금 촛대 사이를 거니시는 이가 이르시되
2 내가 네 행위와 수고와 네 인내를 알고 또 악한 자들을 용납하지
아니한 것과 자칭 사도라 하되 아닌 자들을 시험하여 그의 거짓된
것을 네가 드러낸 것과
3 또 네가 참고 내 이름을 위하여 견디고 게으르지 아니한 것을 아노라
4 그러나 너를 책망할 것이 있나니 너의 처음 사랑을 버렸느니라
5 그러므로 어디서 떨어졌는지를 생각하고 회개하여 처음 행위를 가
지라 만일 그리하지 아니하고 회개하지 아니하면 내가 네게 가서
네 촛대를 그 자리에서 옮기리라
6 오직 네게 이것이 있으니 네가 니골라 당의 행위를 미워하는도다
나도 이것을 미워하노라
7 귀 있는 자는 성령이 교회들에게 하시는 말씀을 들을지어다 이기
는 그에게는 내가 하나님의 낙원에 있는 생명나무의 열매를 주어
먹게 하리라

18

19

20

[2장] 에베소 교회에 보내는 말씀

1

2

3

4

5

6

7

일곱 교회들에 보낸 편지

2장 1절–3장 22절

2장

서머나 교회에 보내는 말씀

8 서머나 교회의 사자에게 편지하라 처음이며 마지막이요 죽었다가
살아나신 이가 이르시되
9 내가 네 환난과 궁핍을 알거니와 실상은 네가 부요한 자니라 자칭
유대인이라 하는 자들의 비방도 알거니와 실상은 유대인이 아니요
사탄의 회당이라
10 너는 장차 받을 고난을 두려워하지 말라 볼지어다 마귀가 장차
너희 가운데에서 몇 사람을 옥에 던져 시험을 받게 하리니 너희가
십 일 동안 환난을 받으리라 네가 죽도록 충성하라 그리하면 내가
생명의 관을 네게 주리라
11 귀 있는 자는 성령이 교회들에게 하시는 말씀을 들을지어다 이기
는 자는 둘째 사망의 해를 받지 아니하리라

버가모 교회에 보내는 말씀

12 버가모 교회의 사자에게 편지하라 좌우에 날선 검을 가지신 이가
이르시되
13 네가 어디에 사는지를 내가 아노니 거기는 사탄의 권좌가 있는 데
라 네가 내 이름을 굳게 잡아서 내 충성된 증인 안디바가 너희
가운데 곧 사탄이 사는 곳에서 죽임을 당할 때에도 나를 믿는 믿음
을 저버리지 아니하였도다
14 그러나 네게 두어 가지 책망할 것이 있나니 거기 네게 발람의 교훈
을 지키는 자들이 있도다 발람이 발락을 가르쳐 이스라엘 자손 앞에
걸림돌을 놓아 우상의 제물을 먹게 하였고 또 행음하게 하였느니라

서머나 교회에 보내는 말씀

8

9

10

11

버가모 교회에 보내는 말씀

12

13

14

일곱 교회들에 보낸 편지

2장 1절–3장 22절

2장

15 이와 같이 네게도 니골라 당의 교훈을 지키는 자들이 있도다
16 그러므로 회개하라 그리하지 아니하면 내가 네게 속히 가서 내 입
의 검으로 그들과 싸우리라
17 귀 있는 자는 성령이 교회들에게 하시는 말씀을 들을지어다 이기
는 그에게는 내가 감추었던 만나를 주고 또 흰 돌을 줄 터인데 그
돌 위에 새 이름을 기록한 것이 있나니 받는 자 밖에는 그 이름을
알 사람이 없느니라

두아디라 교회에 보내는 말씀

18 두아디라 교회의 사자에게 편지하라 그 눈이 불꽃 같고 그 발이
빛난 주석과 같은 하나님의 아들이 이르시되
19 내가 네 사업과 사랑과 믿음과 섬김과 인내를 아노니 네 나중 행위
가 처음 것보다 많도다
20 그러나 네게 책망할 일이 있노라 자칭 선지자라 하는 여자 이세벨
을 네가 용납함이니 그가 내 종들을 가르쳐 꾀어 행음하게 하고
우상의 제물을 먹게 하는도다
21 또 내가 그에게 회개할 기회를 주었으되 자기의 음행을 회개하고
자 하지 아니하는도다
22 볼지어다 내가 그를 침상에 던질 터이요 또 그와 더불어 간음하는 자
들도 만일 그의 행위를 회개하지 아니하면 큰 환난 가운데에 던지고
23 또 내가 사망으로 그의 자녀를 죽이리니 모든 교회가 나는 사람의
뜻과 마음을 살피는 자인 줄 알지라 내가 너희 각 사람의 행위대로
갚아 주리라

15

16

17

두아디라 교회에 보내는 말씀

18

19

20

21

22

23

일곱 교회들에 보낸 편지

2장 1절–3장 22절

2장

24 두아디라에 남아 있어 이 교훈을 받지 아니하고 소위 사탄의 깊은
것을 알지 못하는 너희에게 말하노니 다른 짐으로 너희에게 지울
것은 없노라
25 다만 너희에게 있는 것을 내가 올 때까지 굳게 잡으라
26 이기는 자와 끝까지 내 일을 지키는 그에게 만국을 다스리는 권세
를 주리니
27 그가 철장을 가지고 그들을 다스려 질그릇 깨뜨리는 것과 같이
하리라 나도 내 아버지께 받은 것이 그러하니라
28 내가 또 그에게 새벽 별을 주리라
29 귀 있는 자는 성령이 교회들에게 하시는 말씀을 들을지어다

3장

사데 교회에 보내는 말씀

1 사데 교회의 사자에게 편지하라 하나님의 일곱 영과 일곱 별을 가
지신 이가 이르시되 내가 네 행위를 아노니 네가 살았다 하는 이름
은 가졌으나 죽은 자로다
2 너는 일깨어 그 남은 바 죽게 된 것을 굳건하게 하라 내 하나님
앞에 네 행위의 온전한 것을 찾지 못하였노니
3 그러므로 네가 어떻게 받았으며 어떻게 들었는지 생각하고 지켜
회개하라 만일 일깨지 아니하면 내가 도둑 같이 이르리니 어느 때
에 네게 이를는지 네가 알지 못하리라
4 그러나 사데에 그 옷을 더럽히지 아니한 자 몇 명이 네게 있어 흰 옷
을 입고 나와 함께 다니리니 그들은 합당한 자인 연고라

24

25

26

27

28

29

[3장] 사데 교회에 보내는 말씀

1

2

3

4

일곱 교회들에 보낸 편지

2장 1절-3장 22절

3장

5 이기는 자는 이와 같이 흰 옷을 입을 것이요 내가 그 이름을 생명책
에서 결코 지우지 아니하고 그 이름을 내 아버지 앞과 그의 천사들
앞에서 시인하리라
6 귀 있는 자는 성령이 교회들에게 하시는 말씀을 들을지어다

빌라델비아 교회에 보내는 말씀

7 빌라델비아 교회의 사자에게 편지하라 거룩하고 진실하사 다윗의
열쇠를 가지신 이 곧 열면 닫을 사람이 없고 닫으면 열 사람이 없는
그가 이르시되
8 볼지어다 내가 네 앞에 열린 문을 두었으되 능히 닫을 사람이 없으리
라 내가 네 행위를 아노니 네가 작은 능력을 가지고서도 내 말을 지
키며 내 이름을 배반하지 아니하였도다
9 보라 사탄의 회당 곧 자칭 유대인이라 하나 그렇지 아니하고 거짓말
하는 자들 중에서 몇을 네게 주어 그들로 와서 네 발 앞에 절하게 하
고 내가 너를 사랑하는 줄을 알게 하리라
10 네가 나의 인내의 말씀을 지켰은즉 내가 또한 너를 지켜 시험의 때를 면
하게 하리니 이는 장차 온 세상에 임하여 땅에 거하는 자들을 시험할 때라
11 내가 속히 오리니 네가 가진 것을 굳게 잡아 아무도 네 면류관을 빼
앗지 못하게 하라
12 이기는 자는 내 하나님 성전에 기둥이 되게 하리니 그가 결코 다시
나가지 아니하리라 내가 하나님의 이름과 하나님의 성 곧 하늘에서
내 하나님께로부터 내려오는 새 예루살렘의 이름과 나의 새 이름을
그이 위에 기록하리라

5

6
빌라델비아 교회에 보내는 말씀
7

8

9

10

11

12

일곱 교회들에 보낸 편지

2장 1절–3장 22절

3장

13 귀 있는 자는 성령이 교회들에게 하시는 말씀을 들을지어다

라오디게아 교회에 보내는 말씀

14 라오디게아 교회의 사자에게 편지하라 아멘이시요 충성되고 참된
증인이시요 하나님의 창조의 근본이신 이가 이르시되
15 내가 네 행위를 아노니 네가 차지도 아니하고 뜨겁지도 아니하도
다 네가 차든지 뜨겁든지 하기를 원하노라
16 네가 이같이 미지근하여 뜨겁지도 아니하고 차지도 아니하니 내
입에서 너를 토하여 버리리라
17 네가 말하기를 나는 부자라 부요하여 부족한 것이 없다 하나 네 곤
고한 것과 가련한 것과 가난한 것과 눈 먼 것과 벌거벗은 것을 알
지 못하는도다
18 내가 너를 권하노니 내게서 불로 연단한 금을 사서 부요하게 하고
흰 옷을 사서 입어 벌거벗은 수치를 보이지 않게 하고 안약을 사서
눈에 발라 보게 하라
19 무릇 내가 사랑하는 자를 책망하여 징계하노니 그러므로 네가 열
심을 내라 회개하라
20 볼지어다 내가 문 밖에 서서 두드리노니 누구든지 내 음성을 듣고
문을 열면 내가 그에게로 들어가 그와 더불어 먹고 그는 나와 더불
어 먹으리라
21 이기는 그에게는 내가 내 보좌에 함께 앉게 하여 주기를 내가 이기
고 아버지 보좌에 함께 앉은 것과 같이 하리라
22 귀 있는 자는 성령이 교회들에게 하시는 말씀을 들을지어다

13

라오디게아 교회에 보내는 말씀

14

15

16

17

18

19

20

21

22

하늘 보좌 환상

4장 1절–5장 14절

4장

하늘의 예배

1 이 일 후에 내가 보니 하늘에 열린 문이 있는데 내가 들은 바 처음
에 내게 말하던 나팔 소리 같은 그 음성이 이르되 이리로 올라오라
이 후에 마땅히 일어날 일들을 내가 네게 보이리라 하시더라
2 내가 곧 성령에 감동되었더니 보라 하늘에 보좌를 베풀었고 그
보좌 위에 앉으신 이가 있는데
3 앉으신 이의 모양이 벽옥과 홍보석 같고 또 무지개가 있어 보좌에
둘렸는데 그 모양이 녹보석 같더라
4 또 보좌에 둘려 이십사 보좌들이 있고 그 보좌들 위에 이십사 장로
들이 흰 옷을 입고 머리에 금관을 쓰고 앉았더라
5 보좌로부터 번개와 음성과 우렛소리가 나고 보좌 앞에 켠 등불
일곱이 있으니 이는 하나님의 일곱 영이라
6 보좌 앞에 수정과 같은 유리 바다가 있고 보좌 가운데와 보좌 주위
에 네 생물이 있는데 앞뒤에 눈들이 가득하더라
7 그 첫째 생물은 사자 같고 그 둘째 생물은 송아지 같고 그 셋째
생물은 얼굴이 사람 같고 그 넷째 생물은 날아가는 독수리 같은데
8 네 생물은 각각 여섯 날개를 가졌고 그 안과 주위에는 눈들이 가득
하더라 그들이 밤낮 쉬지 않고 이르기를 거룩하다 거룩하다 거룩
하다 주 하나님 곧 전능하신 이여 전에도 계셨고 이제도 계시고
장차 오실 이시라 하고
9 그 생물들이 보좌에 앉으사 세세토록 살아 계시는 이에게 영광과
존귀와 감사를 돌릴 때에

[4장] 하늘의 예배

1

2

3

4

5

6

7

8

9

하늘 보좌 환상

4장 1절–5장 14절

4장

10 이십사 장로들이 보좌에 앉으신 이 앞에 엎드려 세세토록 살아
계시는 이에게 경배하고 자기의 관을 보좌 앞에 드리며 이르되
11 우리 주 하나님이여 영광과 존귀와 권능을 받으시는 것이 합당
하오니 주께서 만물을 지으신지라 만물이 주의 뜻대로 있었고 또
지으심을 받았나이다 하더라

5장

책과 어린 양

1 내가 보매 보좌에 앉으신 이의 오른손에 두루마리가 있으니 안팎
으로 썼고 일곱 인으로 봉하였더라
2 또 보매 힘있는 천사가 큰 음성으로 외치기를 누가 그 두루마리를
펴며 그 인을 떼기에 합당하냐 하나
3 하늘 위에나 땅 위에나 땅 아래에 능히 그 두루마리를 펴거나 보거
나 할 자가 없더라
4 그 두루마리를 펴거나 보거나 하기에 합당한 자가 보이지 아니하
기로 내가 크게 울었더니
5 장로 중의 한 사람이 내게 말하되 울지 말라 유대 지파의 사자 다윗
의 뿌리가 이겼으니 그 두루마리와 그 일곱 인을 떼시리라 하더라
6 내가 또 보니 보좌와 네 생물과 장로들 사이에 한 어린 양이 서 있
는데 일찍이 죽임을 당한 것 같더라 그에게 일곱 뿔과 일곱 눈이
있으니 이 눈들은 온 땅에 보내심을 받은 하나님의 일곱 영이더라
7 그 어린 양이 나아와서 보좌에 앉으신 이의 오른손에서 두루마리
를 취하시니라

10

11

[5장] 책과 어린 양

1

2

3

4

5

6

7

하늘 보좌 환상

4장 1절–5장 14절

일곱 인들

6장 1절–8장 1절

5장

8 그 두루마리를 취하시매 네 생물과 이십사 장로들이 그 어린 양 앞
에 엎드려 각각 거문고와 향이 가득한 금 대접을 가졌으니 이 향은
성도의 기도들이라
9 그들이 새 노래를 불러 이르되 두루마리를 가지시고 그 인봉을
떼기에 합당하시도다 일찍이 죽임을 당하사 각 족속과 방언과
백성과 나라 가운데에서 사람들을 피로 사서 하나님께 드리시고
10 그들로 우리 하나님 앞에서 나라와 제사장들을 삼으셨으니 그들이
땅에서 왕 노릇 하리로다 하더라
11 내가 또 보고 들으매 보좌와 생물들과 장로들을 둘러 선 많은 천사
의 음성이 있으니 그 수가 만만이요 천천이라
12 큰 음성으로 이르되 죽임을 당하신 어린 양은 능력과 부와 지혜와
힘과 존귀와 영광과 찬송을 받으시기에 합당하도다 하더라
13 내가 또 들으니 하늘 위에와 땅 위에와 땅 아래와 바다 위에와 또
그 가운데 모든 피조물이 이르되 보좌에 앉으신 이와 어린 양에게
찬송과 존귀와 영광과 권능을 세세토록 돌릴지어다 하니
14 네 생물이 이르되 아멘 하고 장로들은 엎드려 경배하더라

6장

일곱 봉인에 담긴 심판

1 내가 보매 어린 양이 일곱 인 중의 하나를 떼시는데 그 때에 내가
들으니 네 생물 중의 하나가 우렛소리 같이 말하되 오라 하기로
2 이에 내가 보니 흰 말이 있는데 그 탄 자가 활을 가졌고 면류관을
받고 나아가서 이기고 또 이기려고 하더라

8

9

10

11

12

13

14

[6장] 일곱 봉인에 담긴 심판

1

2

일곱 인들

6장 1절–8장 1절

6장

3 둘째 인을 떼실 때에 내가 들으니 둘째 생물이 말하되 오라 하니
4 이에 다른 붉은 말이 나오더라 그 탄 자가 허락을 받아 땅에서
화평을 제하여 버리며 서로 죽이게 하고 또 큰 칼을 받았더라
5 셋째 인을 떼실 때에 내가 들으니 셋째 생물이 말하되 오라 하기로
내가 보니 검은 말이 나오는데 그 탄 자가 손에 저울을 가졌더라
6 내가 네 생물 사이로부터 나는 듯한 음성을 들으니 이르되 한 데나리
온에 밀 한 되요 한 데나리온에 보리 석 되로다 또 감람유와 포도
주는 해치지 말라 하더라
7 넷째 인을 떼실 때에 내가 넷째 생물의 음성을 들으니 말하되 오라 하기로
8 내가 보매 청황색 말이 나오는데 그 탄 자의 이름은 사망이니 음부가
그 뒤를 따르더라 그들이 땅 사분의 일의 권세를 얻어 검과 흉년과
사망과 땅의 짐승들로써 죽이더라
9 다섯째 인을 떼실 때에 내가 보니 하나님의 말씀과 그들이 가진 증거
로 말미암아 죽임을 당한 영혼들이 제단 아래에 있어
10 큰 소리로 불러 이르되 거룩하고 참되신 대주재여 땅에 거하는 자들
을 심판하여 우리 피를 갚아 주지 아니하시기를 어느 때까지 하시려
하나이까 하니
11 각각 그들에게 흰 두루마기를 주시며 이르시되 아직 잠시 동안 쉬되
그들의 동무 종들과 형제들도 자기처럼 죽임을 당하여 그 수가 차기
까지 하라 하시더라
12 내가 보니 여섯째 인을 떼실 때에 큰 지진이 나며 해가 검은 털로 짠
상복 같이 검어지고 달은 온통 피 같이 되며

3

4

5

6

7

8

9

10

11

12

일곱 인들

6장 1절–8장 1절

6장

13 하늘의 별들이 무화과나무가 대풍에 흔들려 설익은 열매가 떨어지
는 것 같이 땅에 떨어지며
14 하늘은 두루마리가 말리는 것 같이 떠나가고 각 산과 섬이 제 자리
에서 옮겨지매
15 땅의 임금들과 왕족들과 장군들과 부자들과 강한 자들과 모든 종
과 자유인이 굴과 산들의 바위 틈에 숨어
16 산들과 바위에게 말하되 우리 위에 떨어져 보좌에 앉으신 이의
얼굴에서와 그 어린 양의 진노에서 우리를 가리라
17 그들의 진노의 큰 날이 이르렀으니 누가 능히 서리요 하더라

7장

인치심을 받은 십사만 사천 명

1 이 일 후에 내가 네 천사가 땅 네 모퉁이에 선 것을 보니 땅의 사방
의 바람을 붙잡아 바람으로 하여금 땅에나 바다에나 각종 나무에
불지 못하게 하더라
2 또 보매 다른 천사가 살아 계신 하나님의 인을 가지고 해 돋는 데
로부터 올라와서 땅과 바다를 해롭게 할 권세를 받은 네 천사를 향
하여 큰 소리로 외쳐
3 이르되 우리가 우리 하나님의 종들의 이마에 인치기까지 땅이나
바다나 나무들을 해하지 말라 하더라
4 내가 인침을 받은 자의 수를 들으니 이스라엘 자손의 각 지파 중에
서 인침을 받은 자들이 십사만 사천이니

13

14

15

16

17

[7장] 인치심을 받은 십사만 사천 명

1

2

3

4

일곱 인들

6장 1절–8장 1절

7장

각 나라에서 온 무리

5 유다 지파 중에 인침을 받은 자가 일만 이천이요 르우벤 지파 중에
일만 이천이요 갓 지파 중에 일만 이천이요
6 아셀 지파 중에 일만 이천이요 납달리 지파 중에 일만 이천이요
므낫세 지파 중에 일만 이천이요
7 시므온 지파 중에 일만 이천이요 레위 지파 중에 일만 이천이요
잇사갈 지파 중에 일만 이천이요
8 스불론 지파 중에 일만 이천이요 요셉 지파 중에 일만 이천이요
베냐민 지파 중에 인침을 받은 자가 일만 이천이라
9 이 일 후에 내가 보니 각 나라와 족속과 백성과 방언에서 아무도
능히 셀 수 없는 큰 무리가 나와 흰 옷을 입고 손에 종려 가지를 들
고 보좌 앞과 어린 양 앞에 서서
10 큰 소리로 외쳐 이르되 구원하심이 보좌에 앉으신 우리 하나님과
어린 양에게 있도다 하니
11 모든 천사가 보좌와 장로들과 네 생물의 주위에 서 있다가 보좌 앞
에 엎드려 얼굴을 대고 하나님께 경배하여
12 이르되 아멘 찬송과 영광과 지혜와 감사와 존귀와 권능과 힘이
우리 하나님께 세세토록 있을지어다 아멘 하더라
13 장로 중 하나가 응답하여 나에게 이르되 이 흰 옷 입은 자들이 누
구며 또 어디서 왔느냐

각 나라에서 온 무리

5

6

7

8

9

10

11

12

13

[기도와 묵상]

요한계시록

일곱 인들
6장 1절–8장 1절

일곱 나팔
8장 2절–11장 19절

7장

14 내가 말하기를 내 주여 당신이 아시나이다 하니 그가 나에게 이르
되 이는 큰 환난에서 나오는 자들인데 어린 양의 피에 그 옷을 씻
어 희게 하였느니라
15 그러므로 그들이 하나님의 보좌 앞에 있고 또 그의 성전에서 밤낮
하나님을 섬기매 보좌에 앉으신 이가 그들 위에 장막을 치시리니
16 그들이 다시는 주리지도 아니하며 목마르지도 아니하고 해나 아무
뜨거운 기운에 상하지도 아니하리니
17 이는 보좌 가운데에 계신 어린 양이 그들의 목자가 되사 생명수 샘
으로 인도하시고 하나님께서 그들의 눈에서 모든 눈물을 씻어 주
실 것임이라

8장

일곱째 봉인과 금 향로

1 일곱째 인을 떼실 때에 하늘이 반 시간쯤 고요하더니
2 내가 보매 하나님 앞에 일곱 천사가 서 있어 일곱 나팔을 받았더라
3 또 다른 천사가 와서 제단 곁에 서서 금 향로를 가지고 많은 향을
받았으니 이는 모든 성도의 기도와 합하여 보좌 앞 금 제단에 드리
고자 함이라
4 향연이 성도의 기도와 함께 천사의 손으로부터 하나님 앞으로
올라가는지라
5 천사가 향로를 가지고 제단의 불을 담아다가 땅에 쏟으매 우레와
음성과 번개와 지진이 나더라

나팔 소리

6 일곱 나팔을 가진 일곱 천사가 나팔 불기를 준비하더라

14

15

16

17

[8장] 일곱째 봉인과 금 향로

1

2

3

4

5

나팔 소리

6

일곱 나팔

8장 2절–11장 19절

8장

7 첫째 천사가 나팔을 부니 피 섞인 우박과 불이 나와서 땅에 쏟아지
매 땅의 삼분의 일이 타 버리고 수목의 삼분의 일도 타 버리고 각
종 푸른 풀도 타 버렸더라
8 둘째 천사가 나팔을 부니 불 붙는 큰 산과 같은 것이 바다에 던져
지매 바다의 삼분의 일이 피가 되고
9 바다 가운데 생명 가진 피조물들의 삼분의 일이 죽고 배들의 삼분
의 일이 깨지더라
10 셋째 천사가 나팔을 부니 횃불 같이 타는 큰 별이 하늘에서 떨어져
강들의 삼분의 일과 여러 물샘에 떨어지니
11 이 별 이름은 쓴 쑥이라 물의 삼분의 일이 쓴 쑥이 되매 그 물이 쓴
물이 되므로 많은 사람이 죽더라
12 넷째 천사가 나팔을 부니 해 삼분의 일과 달 삼분의 일과 별들의
삼분의 일이 타격을 받아 그 삼분의 일이 어두워지니 낮 삼분의 일
은 비추임이 없고 밤도 그러하더라
13 내가 또 보고 들으니 공중에 날아가는 독수리가 큰 소리로 이르되
땅에 사는 자들에게 화, 화, 화가 있으리니 이는 세 천사들이 불어
야 할 나팔 소리가 남아 있음이로다 하더라

9장

1 다섯째 천사가 나팔을 불매 내가 보니 하늘에서 땅에 떨어진 별
하나가 있는데 그가 무저갱의 열쇠를 받았더라
2 그가 무저갱을 여니 그 구멍에서 큰 화덕의 연기 같은 연기가 올라
오매 해와 공기가 그 구멍의 연기로 말미암아 어두워지며

7

8

9

10

11

12

13

[9장]

1

2

일곱 나팔

8장 2절-11장 19절

9장

3 또 황충이 연기 가운데로부터 땅 위에 나오매 그들이 땅에 있는
전갈의 권세와 같은 권세를 받았더라
4 그들에게 이르시되 땅의 풀이나 푸른 것이나 각종 수목은 해하지
말고 오직 이마에 하나님의 인침을 받지 아니한 사람들만 해하라
하시더라
5 그러나 그들을 죽이지는 못하게 하시고 다섯 달 동안 괴롭게만 하
게 하시는데 그 괴롭게 함은 전갈이 사람을 쏠 때에 괴롭게 함과
같더라
6 그 날에는 사람들이 죽기를 구하여도 죽지 못하고 죽고 싶으나
죽음이 그들을 피하리로다
7 황충들의 모양은 전쟁을 위하여 준비한 말들 같고 그 머리에 금 같
은 관 비슷한 것을 썼으며 그 얼굴은 사람의 얼굴 같고
8 또 여자의 머리털 같은 머리털이 있고 그 이빨은 사자의 이빨 같으며
9 또 철 호심경 같은 호심경이 있고 그 날개들의 소리는 병거와 많은
말들이 전쟁터로 달려 들어가는 소리 같으며
10 또 전갈과 같은 꼬리와 쏘는 살이 있어 그 꼬리에는 다섯 달 동안
사람들을 해하는 권세가 있더라
11 그들에게 왕이 있으니 무저갱의 사자라 히브리어로는 그 이름이
아바돈이요 헬라어로는 그 이름이 아볼루온이더라
12 첫째 화는 지나갔으나 보라 아직도 이 후에 화 둘이 이르리로다
13 여섯째 천사가 나팔을 불매 내가 들으니 하나님 앞 금 제단 네 뿔
에서 한 음성이 나서

계 9:3-13 따라 쓴 날 . .

3

4

5

6

7

8
9

10

11

12
13

일곱 나팔

8장 2절–11장 19절

9장

14 나팔 가진 여섯째 천사에게 말하기를 큰 강 유브라데에 결박한 네 천사를 놓아 주라 하매

15 네 천사가 놓였으니 그들은 그 년 월 일 시에 이르러 사람 삼분의 일을 죽이기로 준비된 자들이더라

16 마병대의 수는 이만 만이니 내가 그들의 수를 들었노라

17 이같은 환상 가운데 그 말들과 그 위에 탄 자들을 보니 불빛과 자줏빛과 유황빛 호심경이 있고 또 말들의 머리는 사자 머리 같고 그 입에서는 불과 연기와 유황이 나오더라

18 이 세 재앙 곧 자기들의 입에서 나오는 불과 연기와 유황으로 말미암아 사람 삼분의 일이 죽임을 당하니라

19 이 말들의 힘은 입과 꼬리에 있으니 꼬리는 뱀 같고 또 꼬리에 머리가 있어 이것으로 해하더라

20 이 재앙에 죽지 않고 남은 사람들은 손으로 행한 일을 회개하지 아니하고 오히려 여러 귀신과 또는 보거나 듣거나 다니거나 하지 못하는 금, 은, 동과 목석의 우상에게 절하고

21 또 그 살인과 복술과 음행과 도둑질을 회개하지 아니하더라

10장

천사와 작은 책

1 내가 또 보니 힘 센 다른 천사가 구름을 입고 하늘에서 내려오는데 그 머리 위에 무지개가 있고 그 얼굴은 해 같고 그 발은 불기둥 같으며

2 그 손에는 펴 놓인 작은 두루마리를 들고 그 오른 발은 바다를 밟고 왼 발은 땅을 밟고

14

15

16

17

18

19

20

21

[10장] 천사와 작은 책

1

2

일곱 나팔

8장 2절–11장 19절

10장

3 사자가 부르짖는 것 같이 큰 소리로 외치니 그가 외칠 때에 일곱
우레가 그 소리를 내어 말하더라
4 일곱 우레가 말을 할 때에 내가 기록하려고 하다가 곧 들으니 하늘
에서 소리가 나서 말하기를 일곱 우레가 말한 것을 인봉하고 기록
하지 말라 하더라
5 내가 본 바 바다와 땅을 밟고 서 있는 천사가 하늘을 향하여 오른
손을 들고
6 세세토록 살아 계신 이 곧 하늘과 그 가운데에 있는 물건이며 땅과
그 가운데에 있는 물건이며 바다와 그 가운데에 있는 물건을 창조
하신 이를 가리켜 맹세하여 이르되 지체하지 아니하리니
7 일곱째 천사가 소리 내는 날 그의 나팔을 불려고 할 때에 하나님이
그의 종 선지자들에게 전하신 복음과 같이 하나님의 그 비밀이
이루어지리라 하더라
8 하늘에서 나서 내게 들리던 음성이 또 내게 말하여 이르되 네가
가서 바다와 땅을 밟고 서 있는 천사의 손에 펴 놓인 두루마리를
가지라 하기로
9 내가 천사에게 나아가 작은 두루마리를 달라 한즉 천사가 이르되
갖다 먹어 버리라 네 배에는 쓰나 네 입에는 꿀 같이 달리라 하거늘
10 내가 천사의 손에서 작은 두루마리를 갖다 먹어 버리니 내 입에는
꿀 같이 다나 먹은 후에 내 배에서는 쓰게 되더라
11 그가 내게 말하기를 네가 많은 백성과 나라와 방언과 임금에게
다시 예언하여야 하리라 하더라

3

4

5

6

7

8

9

10

11

일곱 나팔

8장 2절–11장 19절

11장

두 증인

1 또 내게 지팡이 같은 갈대를 주며 말하기를 일어나서 하나님의
성전과 제단과 그 안에서 경배하는 자들을 측량하되
2 성전 바깥 마당은 측량하지 말고 그냥 두라 이것은 이방인에게
주었은즉 그들이 거룩한 성을 마흔두 달 동안 짓밟으리라
3 내가 나의 두 증인에게 권세를 주리니 그들이 굵은 베옷을 입고
천이백육십 일을 예언하리라
4 그들은 이 땅의 주 앞에 서 있는 두 감람나무와 두 촛대니
5 만일 누구든지 그들을 해하고자 하면 그들의 입에서 불이 나와서
그들의 원수를 삼켜 버릴 것이요 누구든지 그들을 해하고자 하면
반드시 그와 같이 죽임을 당하리라
6 그들이 권능을 가지고 하늘을 닫아 그 예언을 하는 날 동안 비가
오지 못하게 하고 또 권능을 가지고 물을 피로 변하게 하고 아무
때든지 원하는 대로 여러 가지 재앙으로 땅을 치리로다
7 그들이 그 증언을 마칠 때에 무저갱으로부터 올라오는 짐승이
그들과 더불어 전쟁을 일으켜 그들을 이기고 그들을 죽일 터인즉
8 그들의 시체가 큰 성 길에 있으리니 그 성은 영적으로 하면 소돔이
라고도 하고 애굽이라고도 하니 곧 그들의 주께서 십자가에 못
박히신 곳이라
9 백성들과 족속과 방언과 나라 중에서 사람들이 그 시체를 사흘 반
동안을 보며 무덤에 장사하지 못하게 하리로다

[11장] 두 증인

1

2

3

4

5

6

7

8

9

일곱 나팔

8장 2절–11장 19절

11장

10 이 두 선지자가 땅에 사는 자들을 괴롭게 한 고로 땅에 사는 자들이
그들의 죽음을 즐거워하고 기뻐하여 서로 예물을 보내리라 하더라
11 삼 일 반 후에 하나님께로부터 생기가 그들 속에 들어가매 그들이
발로 일어서니 구경하는 자들이 크게 두려워하더라
12 하늘로부터 큰 음성이 있어 이리로 올라오라 함을 그들이 듣고
구름을 타고 하늘로 올라가니 그들의 원수들도 구경하더라
13 그 때에 큰 지진이 나서 성 십분의 일이 무너지고 지진에 죽은 사람
이 칠천이라 그 남은 자들이 두려워하여 영광을 하늘의 하나님께
돌리더라
14 둘째 화는 지나갔으나 보라 셋째 화가 속히 이르는도다

일곱째 나팔 소리

15 일곱째 천사가 나팔을 불매 하늘에 큰 음성들이 나서 이르되 세상
나라가 우리 주와 그의 그리스도의 나라가 되어 그가 세세토록 왕
노릇 하시리로다 하니
16 하나님 앞에서 자기 보좌에 앉아 있던 이십사 장로가 엎드려 얼굴
을 땅에 대고 하나님께 경배하여
17 이르되 감사하옵나니 옛적에도 계셨고 지금도 계신 주 하나님 곧
전능하신 이여 친히 큰 권능을 잡으시고 왕 노릇 하시도다
18 이방들이 분노하매 주의 진노가 내려 죽은 자를 심판하시며 종
선지자들과 성도들과 또 작은 자든지 큰 자든지 주의 이름을 경외
하는 자들에게 상 주시며 또 땅을 망하게 하는 자들을 멸망시키실
때로소이다 하더라

10

11

12

13

14

일곱째 나팔 소리

15

16

17

18

일곱 나팔

8장 2절–11장 19절

그리스도와 용과의 싸움

12장 1절–14장 20절

11장

19 이에 하늘에 있는 하나님의 성전이 열리니 성전 안에 하나님의
언약궤가 보이며 또 번개와 음성들과 우레와 지진과 큰 우박이
있더라

12장

여자와 용

1 하늘에 큰 이적이 보이니 해를 옷 입은 한 여자가 있는데 그 발 아래
에는 달이 있고 그 머리에는 열두 별의 관을 썼더라
2 이 여자가 아이를 배어 해산하게 되매 아파서 애를 쓰며 부르짖더라
3 하늘에 또 다른 이적이 보이니 보라 한 큰 붉은 용이 있어 머리가
일곱이요 뿔이 열이라 그 여러 머리에 일곱 왕관이 있는데
4 그 꼬리가 하늘의 별 삼분의 일을 끌어다가 땅에 던지더라 용이 해
산하려는 여자 앞에서 그가 해산하면 그 아이를 삼키고자 하더니
5 여자가 아들을 낳으니 이는 장차 철장으로 만국을 다스릴 남자라
그 아이를 하나님 앞과 그 보좌 앞으로 올려가더라
6 그 여자가 광야로 도망하매 거기서 천이백육십 일 동안 그를 양육
하기 위하여 하나님께서 예비하신 곳이 있더라
7 하늘에 전쟁이 있으니 미가엘과 그의 사자들이 용과 더불어 싸울
새 용과 그의 사자들도 싸우나
8 이기지 못하여 다시 하늘에서 그들이 있을 곳을 얻지 못한지라
9 큰 용이 내쫓기니 옛 뱀 곧 마귀라고도 하고 사탄이라고도 하며 온
천하를 꾀는 자라 그가 땅으로 내쫓기니 그의 사자들도 그와 함께
내쫓기니라

19

[12장] 여자와 용

1

2

3

4

5

6

7

8

9

요한계시록

그리스도와 용과의 싸움

12장 1절–14장 20절

12장

10 내가 또 들으니 하늘에 큰 음성이 있어 이르되 이제 우리 하나님의
구원과 능력과 나라와 또 그의 그리스도의 권세가 나타났으니
우리 형제들을 참소하던 자 곧 우리 하나님 앞에서 밤낮 참소하던
자가 쫓겨났고
11 또 우리 형제들이 어린 양의 피와 자기들이 증언하는 말씀으로써
그를 이겼으니 그들은 죽기까지 자기들의 생명을 아끼지 아니하였
도다
12 그러므로 하늘과 그 가운데에 거하는 자들은 즐거워하라 그러나
땅과 바다는 화 있을진저 이는 마귀가 자기의 때가 얼마 남지 않은
줄을 알므로 크게 분내어 너희에게 내려갔음이라 하더라
13 용이 자기가 땅으로 내쫓긴 것을 보고 남자를 낳은 여자를 박해하
는지라
14 그 여자가 큰 독수리의 두 날개를 받아 광야 자기 곳으로 날아가
거기서 그 뱀의 낯을 피하여 한 때와 두 때와 반 때를 양육 받으매
15 여자의 뒤에서 뱀이 그 입으로 물을 강 같이 토하여 여자를 물에
떠내려 가게 하려 하되
16 땅이 여자를 도와 그 입을 벌려 용의 입에서 토한 강물을 삼키니
17 용이 여자에게 분노하여 돌아가서 그 여자의 남은 자손 곧 하나님
의 계명을 지키며 예수의 증거를 가진 자들과 더불어 싸우려고 바
다 모래 위에 서 있더라

10

11

12

13

14

15

16

17

[기도와 묵상]

요한계시록

그리스도와 용과의 싸움

12장 1절–14장 20절

13장

짐승 두 마리

1 내가 보니 바다에서 한 짐승이 나오는데 뿔이 열이요 머리가 일곱
이라 그 뿔에는 열 왕관이 있고 그 머리들에는 신성모독 하는 이름
들이 있더라
2 내가 본 짐승은 표범과 비슷하고 그 발은 곰의 발 같고 그 입은 사자
의 입 같은데 용이 자기의 능력과 보좌와 큰 권세를 그에게 주었더라
3 그의 머리 하나가 상하여 죽게 된 것 같더니 그 죽게 되었던 상처
가 나으매 온 땅이 놀랍게 여겨 짐승을 따르고
4 용이 짐승에게 권세를 주므로 용에게 경배하며 짐승에게 경배하여
이르되 누가 이 짐승과 같으냐 누가 능히 이와 더불어 싸우리요 하
더라
5 또 짐승이 과장되고 신성모독을 말하는 입을 받고 또 마흔두 달 동
안 일할 권세를 받으니라
6 짐승이 입을 벌려 하나님을 향하여 비방하되 그의 이름과 그의
장막 곧 하늘에 사는 자들을 비방하더라
7 또 권세를 받아 성도들과 싸워 이기게 되고 각 족속과 백성과 방언
과 나라를 다스리는 권세를 받으니
8 죽임을 당한 어린 양의 생명책에 창세 이후로 이름이 기록되지
못하고 이 땅에 사는 자들은 다 그 짐승에게 경배하리라
9 누구든지 귀가 있거든 들을지어다
10 사로잡힐 자는 사로잡혀 갈 것이요 칼에 죽을 자는 마땅히 칼에 죽
을 것이니 성도들의 인내와 믿음이 여기 있느니라

[13장] 짐승 두 마리

1

2

3

4

5

6

7

8

9

10

그리스도와 용과의 싸움

12장 1절–14장 20절

13장

11 내가 보매 또 다른 짐승이 땅에서 올라오니 어린 양 같이 두 뿔이
있고 용처럼 말을 하더라
12 그가 먼저 나온 짐승의 모든 권세를 그 앞에서 행하고 땅과 땅에
사는 자들을 처음 짐승에게 경배하게 하니 곧 죽게 되었던 상처가
나은 자니라
13 큰 이적을 행하되 심지어 사람들 앞에서 불이 하늘로부터 땅에 내
려오게 하고
14 짐승 앞에서 받은 바 이적을 행함으로 땅에 거하는 자들을 미혹하
며 땅에 거하는 자들에게 이르기를 칼에 상하였다가 살아난 짐승
을 위하여 우상을 만들라 하더라
15 그가 권세를 받아 그 짐승의 우상에게 생기를 주어 그 짐승의 우상
으로 말하게 하고 또 짐승의 우상에게 경배하지 아니하는 자는 몇
이든지 다 죽이게 하더라
16 그가 모든 자 곧 작은 자나 큰 자나 부자나 가난한 자나 자유인이
나 종들에게 그 오른손에나 이마에 표를 받게 하고
17 누구든지 이 표를 가진 자 외에는 매매를 못하게 하니 이 표는 곧
짐승의 이름이나 그 이름의 수라
18 지혜가 여기 있으니 총명한 자는 그 짐승의 수를 세어 보라 그것은
사람의 수니 그의 수는 육백육십육이니라

계 13:11-18 **따라 쓴 날** . .

11

12

13

14

15

16

17

18

[기도와 묵상]

그리스도와 용과의 싸움

12장 1절–14장 20절

14장

십사만 사천 명이 부르는 노래

1 또 내가 보니 보라 어린 양이 시온 산에 섰고 그와 함께 십사만 사
천이 서 있는데 그들의 이마에는 어린 양의 이름과 그 아버지의 이
름을 쓴 것이 있더라
2 내가 하늘에서 나는 소리를 들으니 많은 물 소리와도 같고 큰 우렛
소리와도 같은데 내가 들은 소리는 거문고 타는 자들이 그 거문고
를 타는 것 같더라
3 그들이 보좌 앞과 네 생물과 장로들 앞에서 새 노래를 부르니 땅에
서 속량함을 받은 십사만 사천 밖에는 능히 이 노래를 배울 자가
없더라
4 이 사람들은 여자와 더불어 더럽히지 아니하고 순결한 자라 어린
양이 어디로 인도하든지 따라가는 자며 사람 가운데에서 속량함
을 받아 처음 익은 열매로 하나님과 어린 양에게 속한 자들이니
5 그 입에 거짓말이 없고 흠이 없는 자들이더라

세 천사가 전하는 말

6 또 보니 다른 천사가 공중에 날아가는데 땅에 거주하는 자들 곧
모든 민족과 종족과 방언과 백성에게 전할 영원한 복음을 가졌
더라
7 그가 큰 음성으로 이르되 하나님을 두려워하며 그에게 영광을 돌
리라 이는 그의 심판의 시간이 이르렀음이니 하늘과 땅과 바다와
물들의 근원을 만드신 이를 경배하라 하더라

[14장] 십사만 사천 명이 부르는 노래

1

2

3

4

5

세 천사가 전하는 말

6

7

그리스도와 용과의 싸움

12장 1절–14장 20절

14장

8 또 다른 천사 곧 둘째가 그 뒤를 따라 말하되 무너졌도다 무너졌도
다 큰 성 바벨론이여 모든 나라에게 그의 음행으로 말미암아 진노
의 포도주를 먹이던 자로다 하더라
9 또 다른 천사 곧 셋째가 그 뒤를 따라 큰 음성으로 이르되 만일
누구든지 짐승과 그의 우상에게 경배하고 이마에나 손에 표를 받
으면
10 그도 하나님의 진노의 포도주를 마시리니 그 진노의 잔에 섞인 것
이 없이 부은 포도주라 거룩한 천사들 앞과 어린 양 앞에서 불과
유황으로 고난을 받으리니
11 그 고난의 연기가 세세토록 올라가리로다 짐승과 그의 우상에게
경배하고 그의 이름 표를 받는 자는 누구든지 밤낮 쉼을 얻지 못하
리라 하더라
12 성도들의 인내가 여기 있나니 그들은 하나님의 계명과 예수에 대
한 믿음을 지키는 자니라
13 또 내가 들으니 하늘에서 음성이 나서 이르되 기록하라 지금 이후
로 주 안에서 죽는 자들은 복이 있도다 하시매 성령이 이르시되 그
러하다 그들이 수고를 그치고 쉬리니 이는 그들의 행한 일이 따름
이라 하시더라

마지막 수확

14 또 내가 보니 흰 구름이 있고 구름 위에 인자와 같은 이가 앉으셨
는데 그 머리에는 금 면류관이 있고 그 손에는 예리한 낫을 가졌
더라

8

9

10

11

12

13

마지막 수확

14

그리스도와 용과의 싸움

12장 1절-14장 20절

일곱 대접의 준비

15장 1절-8절

14장

15 또 다른 천사가 성전으로부터 나와 구름 위에 앉은 이를 향하여 큰
음성으로 외쳐 이르되 당신의 낫을 휘둘러 거두소서 땅의 곡식이
다 익어 거둘 때가 이르렀음이니이다 하니
16 구름 위에 앉으신 이가 낫을 땅에 휘두르매 땅의 곡식이 거두어지
니라

마지막 재난을 가지고 온 천사

17 또 다른 천사가 하늘에 있는 성전에서 나오는데 역시 예리한 낫을
가졌더라
18 또 불을 다스리는 다른 천사가 제단으로부터 나와 예리한 낫 가진
자를 향하여 큰 음성으로 불러 이르되 네 예리한 낫을 휘둘러 땅의
포도송이를 거두라 그 포도가 익었느니라 하더라
19 천사가 낫을 땅에 휘둘러 땅의 포도를 거두어 하나님의 진노의 큰
포도주 틀에 던지매
20 성 밖에서 그 틀이 밟히니 틀에서 피가 나서 말 굴레에까지 닿았고
천육백 스다디온에 퍼졌더라

15장

1 또 하늘에 크고 이상한 다른 이적을 보매 일곱 천사가 일곱 재앙
을 가졌으니 곧 마지막 재앙이라 하나님의 진노가 이것으로 마치
리로다
2 또 내가 보니 불이 섞인 유리 바다 같은 것이 있고 짐승과 그의
우상과 그의 이름의 수를 이기고 벗어난 자들이 유리 바다 가에 서
서 하나님의 거문고를 가지고

15

16

마지막 재난을 가지고 온 천사

17

18

19

20

[15장]

1

2

일곱 대접의 준비

15장 1절–8절

진노의 일곱 대접

16장 1절–21절

15장

3 하나님의 종 모세의 노래, 어린 양의 노래를 불러 이르되 주 하나님
곧 전능하신 이시여 하시는 일이 크고 놀라우시도다 만국의 왕이
시여 주의 길이 의롭고 참되시도다
4 주여 누가 주의 이름을 두려워하지 아니하며 영화롭게 하지 아니
하오리이까 오직 주만 거룩하시니이다 주의 의로우신 일이 나타났
으매 만국이 와서 주께 경배하리이다 하더라
5 또 이 일 후에 내가 보니 하늘에 증거 장막의 성전이 열리며
6 일곱 재앙을 가진 일곱 천사가 성전으로부터 나와 맑고 빛난
세마포 옷을 입고 가슴에 금 띠를 띠고
7 네 생물 중의 하나가 영원토록 살아 계신 하나님의 진노를 가득히
담은 금 대접 일곱을 그 일곱 천사들에게 주니
8 하나님의 영광과 능력으로 말미암아 성전에 연기가 가득 차매
일곱 천사의 일곱 재앙이 마치기까지는 성전에 능히 들어갈 자가
없더라

16장

진노의 일곱 대접

1 또 내가 들으니 성전에서 큰 음성이 나서 일곱 천사에게 말하되
너희는 가서 하나님의 진노의 일곱 대접을 땅에 쏟으라 하더라
2 첫째 천사가 가서 그 대접을 땅에 쏟으매 짐승의 표를 받은 사람들
과 그 우상에게 경배하는 자들에게 악하고 독한 종기가 나더라
3 둘째 천사가 그 대접을 바다에 쏟으매 바다가 곧 죽은 자의 피 같
이 되니 바다 가운데 모든 생물이 죽더라
4 셋째 천사가 그 대접을 강과 물 근원에 쏟으매 피가 되더라

3

4

5
6

7

8

[16장] 진노의 일곱 대접

1

2

3
4

진노의 일곱 대접

16장 1절–21절

16장

5 내가 들으니 물을 차지한 천사가 이르되 전에도 계셨고 지금도
계신 거룩하신 이여 이렇게 심판하시니 의로우시도다
6 그들이 성도들과 선지자들의 피를 흘렸으므로 그들에게 피를 마시
게 하신 것이 합당하니이다 하더라
7 또 내가 들으니 제단이 말하기를 그러하다 주 하나님 곧 전능하신
이시여 심판하시는 것이 참되시고 의로우시도다 하더라
8 넷째 천사가 그 대접을 해에 쏟으매 해가 권세를 받아 불로 사람들
을 태우니
9 사람들이 크게 태움에 태워진지라 이 재앙들을 행하는 권세를
가지신 하나님의 이름을 비방하며 또 회개하지 아니하고 주께 영
광을 돌리지 아니하더라
10 또 다섯째 천사가 그 대접을 짐승의 왕좌에 쏟으니 그 나라가 곧
어두워지며 사람들이 아파서 자기 혀를 깨물고
11 아픈 것과 종기로 말미암아 하늘의 하나님을 비방하고 그들의
행위를 회개하지 아니하더라
12 또 여섯째 천사가 그 대접을 큰 강 유브라데에 쏟으매 강물이 말라
서 동방에서 오는 왕들의 길이 예비되었더라
13 또 내가 보매 개구리 같은 세 더러운 영이 용의 입과 짐승의 입과
거짓 선지자의 입에서 나오니
14 그들은 귀신의 영이라 이적을 행하여 온 천하 왕들에게 가서
하나님 곧 전능하신 이의 큰 날에 있을 전쟁을 위하여 그들을 모
으더라

5

6

7

8

9

10

11

12

13

14

요한계시록

진노의 일곱 대접

16장 1절-21절

바벨론 심판

17장 1절-19장 21절

16장

15 보라 내가 도둑 같이 오리니 누구든지 깨어 자기 옷을 지켜 벌거
벗고 다니지 아니하며 자기의 부끄러움을 보이지 아니하는 자는
복이 있도다
16 세 영이 히브리어로 아마겟돈이라 하는 곳으로 왕들을 모으더라
17 일곱째 천사가 그 대접을 공중에 쏟으매 큰 음성이 성전에서 보좌
로부터 나서 이르되 되었다 하시니
18 번개와 음성들과 우렛소리가 있고 또 큰 지진이 있어 얼마나 큰지
사람이 땅에 있어 온 이래로 이같이 큰 지진이 없었더라
19 큰 성이 세 갈래로 갈라지고 만국의 성들도 무너지니 큰 성 바벨론
이 하나님 앞에 기억하신 바 되어 그의 맹렬한 진노의 포도주 잔을
받으매
20 각 섬도 없어지고 산악도 간 데 없더라
21 또 무게가 한 달란트나 되는 큰 우박이 하늘로부터 사람들에게 내
리매 사람들이 그 우박의 재앙 때문에 하나님을 비방하니 그 재앙
이 심히 큼이러라

17장

큰 음녀에게 내릴 심판

1 또 일곱 대접을 가진 일곱 천사 중 하나가 와서 내게 말하여 이르
되 이리로 오라 많은 물 위에 앉은 큰 음녀가 받을 심판을 네게
보이리라
2 땅의 임금들도 그와 더불어 음행하였고 땅에 사는 자들도 그 음행
의 포도주에 취하였다 하고

15

16

17

18

19

20

21

[17장] 큰 음녀에게 내릴 심판

1

2

바벨론 심판

17장 1절–19장 21절

17장

3 곧 성령으로 나를 데리고 광야로 가니라 내가 보니 여자가 붉은 빛
짐승을 탔는데 그 짐승의 몸에 하나님을 모독하는 이름들이 가득
하고 일곱 머리와 열 뿔이 있으며
4 그 여자는 자주 빛과 붉은 빛 옷을 입고 금과 보석과 진주로 꾸미
고 손에 금 잔을 가졌는데 가증한 물건과 그의 음행의 더러운 것들
이 가득하더라
5 그의 이마에 이름이 기록되었으니 비밀이라, 큰 바벨론이라, 땅의
음녀들과 가증한 것들의 어미라 하였더라
6 또 내가 보매 이 여자가 성도들의 피와 예수의 증인들의 피에 취한
지라 내가 그 여자를 보고 놀랍게 여기고 크게 놀랍게 여기니
7 천사가 이르되 왜 놀랍게 여기느냐 내가 여자와 그가 탄 일곱 머리
와 열 뿔 가진 짐승의 비밀을 네게 이르리라
8 네가 본 짐승은 전에 있었다가 지금은 없으나 장차 무저갱으로부
터 올라와 멸망으로 들어갈 자니 땅에 사는 자들로서 창세 이후로
그 이름이 생명책에 기록되지 못한 자들이 이전에 있었다가 지금
은 없으나 장차 나올 짐승을 보고 놀랍게 여기리라
9 지혜 있는 뜻이 여기 있으니 그 일곱 머리는 여자가 앉은 일곱
산이요
10 또 일곱 왕이라 다섯은 망하였고 하나는 있고 다른 하나는 아직 이
르지 아니하였으나 이르면 반드시 잠시 동안 머무르리라
11 전에 있었다가 지금 없어진 짐승은 여덟째 왕이니 일곱 중에 속한
자라 그가 멸망으로 들어가리라

3

4

5

6

7

8

9

10

11

바벨론 심판

17장 1절–19장 21절

17장

12 네가 보던 열 뿔은 열 왕이니 아직 나라를 얻지 못하였으나 다만
짐승과 더불어 임금처럼 한동안 권세를 받으리라
13 그들이 한 뜻을 가지고 자기의 능력과 권세를 짐승에게 주더라
14 그들이 어린 양과 더불어 싸우려니와 어린 양은 만주의 주시요 만
왕의 왕이시므로 그들을 이기실 터이요 또 그와 함께 있는 자들 곧
부르심을 받고 택하심을 받은 진실한 자들도 이기리로다
15 또 천사가 내게 말하되 네가 본 바 음녀가 앉아 있는 물은 백성과
무리와 열국과 방언들이니라
16 네가 본 바 이 열 뿔과 짐승은 음녀를 미워하여 망하게 하고 벌거
벗게 하고 그의 살을 먹고 불로 아주 사르리라
17 이는 하나님이 자기 뜻대로 할 마음을 그들에게 주사 한 뜻을 이루
게 하시고 그들의 나라를 그 짐승에게 주게 하시되 하나님의 말씀
이 응하기까지 하심이라
18 또 네가 본 그 여자는 땅의 왕들을 다스리는 큰 성이라 하더라

18장

바벨론의 패망

1 이 일 후에 다른 천사가 하늘에서 내려 오는 것을 보니 큰 권세를
가졌는데 그의 영광으로 땅이 환하여지더라
2 힘찬 음성으로 외쳐 이르되 무너졌도다 무너졌도다 큰 성 바벨론
이여 귀신의 처소와 각종 더러운 영이 모이는 곳과 각종 더럽고
가증한 새들이 모이는 곳이 되었도다

12

13

14

15

16

17

18

[18장] 바벨론의 패망

1

2

[기도와 묵상]

바벨론 심판

17장 1절–19장 21절

18장

3 그 음행의 진노의 포도주로 말미암아 만국이 무너졌으며 또 땅의
왕들이 그와 더불어 음행하였으며 땅의 상인들도 그 사치의 세력
으로 치부하였도다 하더라
4 또 내가 들으니 하늘로부터 다른 음성이 나서 이르되 내 백성아,
거기서 나와 그의 죄에 참여하지 말고 그가 받을 재앙들을 받지
말라
5 그의 죄는 하늘에 사무쳤으며 하나님은 그의 불의한 일을 기억하
신지라
6 그가 준 그대로 그에게 주고 그의 행위대로 갑절을 갚아 주고 그가
섞은 잔에도 갑절이나 섞어 그에게 주라
7 그가 얼마나 자기를 영화롭게 하였으며 사치하였든지 그만큼
고통과 애통함으로 갚아 주라 그가 마음에 말하기를 나는 여왕으로
앉은 자요 과부가 아니라 결단코 애통함을 당하지 아니하리라 하니
8 그러므로 하루 동안에 그 재앙들이 이르리니 곧 사망과 애통함과
흉년이라 그가 또한 불에 살라지리니 그를 심판하시는 주 하나님
은 강하신 자이심이라
9 그와 함께 음행하고 사치하던 땅의 왕들이 그가 불타는 연기를 보
고 위하여 울고 가슴을 치며
10 그의 고통을 무서워하여 멀리 서서 이르되 화 있도다 화 있도다 큰
성, 견고한 성 바벨론이여 한 시간에 네 심판이 이르렀다 하리로다
11 땅의 상인들이 그를 위하여 울고 애통하는 것은 다시 그들의 상품
을 사는 자가 없음이라

3

4

5

6

7

8

9

10

11

바벨론 심판

17장 1절–19장 21절

18장

12 그 상품은 금과 은과 보석과 진주와 세마포와 자주 옷감과 비단과
붉은 옷감이요 각종 향목과 각종 상아 그릇이요 값진 나무와 구리
와 철과 대리석으로 만든 각종 그릇이요
13 계피와 향료와 향과 향유와 유향과 포도주와 감람유와 고운 밀가
루와 밀이요 소와 양과 말과 수레와 종들과 사람의 영혼들이라
14 바벨론아 네 영혼이 탐하던 과일이 네게서 떠났으며 맛있는 것들
과 빛난 것들이 다 없어졌으니 사람들이 결코 이것들을 다시 보지
못하리로다
15 바벨론으로 말미암아 치부한 이 상품의 상인들이 그의 고통을
무서워하여 멀리 서서 울고 애통하여
16 이르되 화 있도다 화 있도다 큰 성이여 세마포 옷과 자주 옷과
붉은 옷을 입고 금과 보석과 진주로 꾸민 것인데
17 그러한 부가 한 시간에 망하였도다 모든 선장과 각처를 다니는
선객들과 선원들과 바다에서 일하는 자들이 멀리 서서
18 그가 불타는 연기를 보고 외쳐 이르되 이 큰 성과 같은 성이 어디
있느냐 하며
19 티끌을 자기 머리에 뿌리고 울며 애통하여 외쳐 이르되 화 있도다
화 있도다 이 큰 성이여 바다에서 배 부리는 모든 자들이 너의
보배로운 상품으로 치부하였더니 한 시간에 망하였도다
20 하늘과 성도들과 사도들과 선지자들아, 그로 말미암아 즐거워하라
하나님이 너희를 위하여 그에게 심판을 행하셨음이라 하더라

12

13

14

15

16

17

18

19

20

요한계시록

바벨론 심판

17장 1절-19장 21절

18장

21 이에 한 힘 센 천사가 큰 맷돌 같은 돌을 들어 바다에 던져 이르되
큰 성 바벨론이 이같이 비참하게 던져져 결코 다시 보이지 아니하
리로다
22 또 거문고 타는 자와 풍류하는 자와 퉁소 부는 자와 나팔 부는 자
들의 소리가 결코 다시 네 안에서 들리지 아니하고 어떠한 세공업
자든지 결코 다시 네 안에서 보이지 아니하고 또 맷돌 소리가 결코
다시 네 안에서 들리지 아니하고
23 등불 빛이 결코 다시 네 안에서 비치지 아니하고 신랑과 신부의
음성이 결코 다시 네 안에서 들리지 아니하리로다 너의 상인들은
땅의 왕족들이라 네 복술로 말미암아 만국이 미혹되었도다
24 선지자들과 성도들과 및 땅 위에서 죽임을 당한 모든 자의 피가 그
성 중에서 발견되었느니라 하더라

19장

어린 양의 혼인 잔치

1 이 일 후에 내가 들으니 하늘에 허다한 무리의 큰 음성 같은 것이
있어 이르되 할렐루야 구원과 영광과 능력이 우리 하나님께 있도다
2 그의 심판은 참되고 의로운지라 음행으로 땅을 더럽게 한 큰 음녀
를 심판하사 자기 종들의 피를 그 음녀의 손에 갚으셨도다 하고
3 두 번째로 할렐루야 하니 그 연기가 세세토록 올라가더라
4 또 이십사 장로와 네 생물이 엎드려 보좌에 앉으신 하나님께 경배
하여 이르되 아멘 할렐루야 하니
5 보좌에서 음성이 나서 이르시되 하나님의 종들 곧 그를 경외하는
너희들아 작은 자나 큰 자나 다 우리 하나님께 찬송하라 하더라

21

22

23

24

[19장] 어린 양의 혼인 잔치

1

2

3

4

5

바벨론 심판

17장 1절–19장 21절

19장

6 또 내가 들으니 허다한 무리의 음성과도 같고 많은 물 소리와도 같
고 큰 우렛소리와도 같은 소리로 이르되 할렐루야 주 우리 하나님
곧 전능하신 이가 통치하시도다
7 우리가 즐거워하고 크게 기뻐하며 그에게 영광을 돌리세 어린 양
의 혼인 기약이 이르렀고 그의 아내가 자신을 준비하였으므로
8 그에게 빛나고 깨끗한 세마포 옷을 입도록 허락하셨으니 이 세마
포 옷은 성도들의 옳은 행실이로다 하더라
9 천사가 내게 말하기를 기록하라 어린 양의 혼인 잔치에 청함을 받
은 자들은 복이 있도다 하고 또 내게 말하되 이것은 하나님의 참되
신 말씀이라 하기로
10 내가 그 발 앞에 엎드려 경배하려 하니 그가 나에게 말하기를 나는
너와 및 예수의 증언을 받은 네 형제들과 같이 된 종이니 삼가 그
리하지 말고 오직 하나님께 경배하라 예수의 증언은 예언의 영이
라 하더라

백마를 탄 자

11 또 내가 하늘이 열린 것을 보니 보라 백마와 그것을 탄 자가 있으
니 그 이름은 충신과 진실이라 그가 공의로 심판하며 싸우더라
12 그 눈은 불꽃 같고 그 머리에는 많은 관들이 있고 또 이름 쓴 것
하나가 있으니 자기밖에 아는 자가 없고
13 또 그가 피 뿌린 옷을 입었는데 그 이름은 하나님의 말씀이라 칭하
더라

6

7

8

9

10

백마를 탄 자

11

12

13

바벨론 심판

17장 1절–19장 21절

최종 완성

20장 1절–22장 5절

19장

14 하늘에 있는 군대들이 희고 깨끗한 세마포 옷을 입고 백마를 타고
그를 따르더라
15 그의 입에서 예리한 검이 나오니 그것으로 만국을 치겠고 친히 그
들을 철장으로 다스리며 또 친히 하나님 곧 전능하신 이의 맹렬한
진노의 포도주 틀을 밟겠고
16 그 옷과 그 다리에 이름을 쓴 것이 있으니 만왕의 왕이요 만주의
주라 하였더라
17 또 내가 보니 한 천사가 태양 안에 서서 공중에 나는 모든 새를 향
하여 큰 음성으로 외쳐 이르되 와서 하나님의 큰 잔치에 모여
18 왕들의 살과 장군들의 살과 장사들의 살과 말들과 그것을 탄 자들
의 살과 자유인들이나 종들이나 작은 자나 큰 자나 모든 자의 살을
먹으라 하더라
19 또 내가 보매 그 짐승과 땅의 임금들과 그들의 군대들이 모여 그
말 탄 자와 그의 군대와 더불어 전쟁을 일으키다가
20 짐승이 잡히고 그 앞에서 표적을 행하던 거짓 선지자도 함께 잡혔
으니 이는 짐승의 표를 받고 그의 우상에게 경배하던 자들을 표적
으로 미혹하던 자라 이 둘이 산 채로 유황불 붙는 못에 던져지고
21 그 나머지는 말 탄 자의 입으로부터 나오는 검에 죽으매 모든 새가
그들의 살로 배불리더라

20장

천 년 왕국

1 또 내가 보매 천사가 무저갱의 열쇠와 큰 쇠사슬을 그의 손에 가지
고 하늘로부터 내려와서

14

15

16

17

18

19

20

21

[20장] 천 년 왕국

1

최종 완성

20장 1절-22장 5절

20장

2 용을 잡으니 곧 옛 뱀이요 마귀요 사탄이라 잡아서 천 년 동안 결
박하여
3 무저갱에 던져 넣어 잠그고 그 위에 인봉하여 천 년이 차도록 다시는
만국을 미혹하지 못하게 하였는데 그 후에는 반드시 잠깐 놓이리라
4 또 내가 보좌들을 보니 거기에 앉은 자들이 있어 심판하는 권세를
받았더라 또 내가 보니 예수를 증언함과 하나님의 말씀 때문에
목 베임을 당한 자들의 영혼들과 또 짐승과 그의 우상에게 경배하
지 아니하고 그들의 이마와 손에 그의 표를 받지 아니한 자들이
살아서 그리스도와 더불어 천 년 동안 왕 노릇 하니
5 (그 나머지 죽은 자들은 그 천 년이 차기까지 살지 못하더라) 이는
첫째 부활이라
6 이 첫째 부활에 참여하는 자들은 복이 있고 거룩하도다 둘째 사망
이 그들을 다스리는 권세가 없고 도리어 그들이 하나님과 그리스
도의 제사장이 되어 천 년 동안 그리스도와 더불어 왕 노릇 하리라

사탄의 패망

7 천 년이 차매 사탄이 그 옥에서 놓여
8 나와서 땅의 사방 백성 곧 곡과 마곡을 미혹하고 모아 싸움을 붙이
리니 그 수가 바다의 모래 같으리라
9 그들이 지면에 널리 퍼져 성도들의 진과 사랑하시는 성을 두르매
하늘에서 불이 내려와 그들을 태워버리고
10 또 그들을 미혹하는 마귀가 불과 유황 못에 던져지니 거기는 그
짐승과 거짓 선지자도 있어 세세토록 밤낮 괴로움을 받으리라

2

3

4

5

6

사탄의 패망

7

8

9

10

요한계시록

최종 완성

20장 1절–22장 5절

20장

크고 흰 보좌에서 심판을 내리시다

11 또 내가 크고 흰 보좌와 그 위에 앉으신 이를 보니 땅과 하늘이
그 앞에서 피하여 간 데 없더라
12 또 내가 보니 죽은 자들이 큰 자나 작은 자나 그 보좌 앞에 서 있는
데 책들이 펴 있고 또 다른 책이 펴졌으니 곧 생명책이라 죽은 자
들이 자기 행위를 따라 책들에 기록된 대로 심판을 받으니
13 바다가 그 가운데에서 죽은 자들을 내주고 또 사망과 음부도 그 가
운데에서 죽은 자들을 내주매 각 사람이 자기의 행위대로 심판을
받고
14 사망과 음부도 불못에 던져지니 이것은 둘째 사망 곧 불못이라
15 누구든지 생명책에 기록되지 못한 자는 불못에 던져지더라

21장

새 하늘과 새 땅

1 또 내가 새 하늘과 새 땅을 보니 처음 하늘과 처음 땅이 없어졌고
바다도 다시 있지 않더라
2 또 내가 보매 거룩한 성 새 예루살렘이 하나님께로부터 하늘에서
내려오니 그 준비한 것이 신부가 남편을 위하여 단장한 것 같더라
3 내가 들으니 보좌에서 큰 음성이 나서 이르되 보라 하나님의 장막
이 사람들과 함께 있으매 하나님이 그들과 함께 계시리니 그들은
하나님의 백성이 되고 하나님은 친히 그들과 함께 계셔서
4 모든 눈물을 그 눈에서 닦아 주시니 다시는 사망이 없고 애통하는
것이나 곡하는 것이나 아픈 것이 다시 있지 아니하리니 처음 것들
이 다 지나갔음이러라

크고 흰 보좌에서 심판을 내리시다

11

12

13

14

15

[21장] 새 하늘과 새 땅

1

2

3

4

최종 완성

20장 1절-22장 5절

21장

5 보좌에 앉으신 이가 이르시되 보라 내가 만물을 새롭게 하노라
하시고 또 이르시되 이 말은 신실하고 참되니 기록하라 하시고
6 또 내게 말씀하시되 이루었도다 나는 알파와 오메가요 처음과
마지막이라 내가 생명수 샘물을 목마른 자에게 값없이 주리니
7 이기는 자는 이것들을 상속으로 받으리라 나는 그의 하나님이 되
고 그는 내 아들이 되리라
8 그러나 두려워하는 자들과 믿지 아니하는 자들과 흉악한 자들과
살인자들과 음행하는 자들과 점술가들과 우상 숭배자들과 거짓말
하는 모든 자들은 불과 유황으로 타는 못에 던져지리니 이것이
둘째 사망이라

새 예루살렘

9 일곱 대접을 가지고 마지막 일곱 재앙을 담은 일곱 천사 중 하나가
나아와서 내게 말하여 이르되 이리 오라 내가 신부 곧 어린 양의
아내를 네게 보이리라 하고
10 성령으로 나를 데리고 크고 높은 산으로 올라가 하나님께로부터
하늘에서 내려오는 거룩한 성 예루살렘을 보이니
11 하나님의 영광이 있어 그 성의 빛이 지극히 귀한 보석 같고 벽옥과
수정 같이 맑더라
12 크고 높은 성곽이 있고 열두 문이 있는데 문에 열두 천사가 있고
그 문들 위에 이름을 썼으니 이스라엘 자손 열두 지파의 이름들이라
13 동쪽에 세 문, 북쪽에 세 문, 남쪽에 세 문, 서쪽에 세 문이니

5

6

7

8

새 예루살렘

9

10

11

12

13

최종 완성

20장 1절-22장 5절

21장

14 그 성의 성곽에는 열두 기초석이 있고 그 위에는 어린 양의 열두
사도의 열두 이름이 있더라
15 내게 말하는 자가 그 성과 그 문들과 성곽을 측량하려고 금 갈대
자를 가졌더라
16 그 성은 네모가 반듯하여 길이와 너비가 같은지라 그 갈대 자로 그
성을 측량하니 만 이천 스다디온이요 길이와 너비와 높이가 같더라
17 그 성곽을 측량하매 백사십사 규빗이니 사람의 측량 곧 천사의 측
량이라
18 그 성곽은 벽옥으로 쌓였고 그 성은 정금인데 맑은 유리 같더라
19 그 성의 성곽의 기초석은 각색 보석으로 꾸몄는데 첫째 기초석은
벽옥이요 둘째는 남보석이요 셋째는 옥수요 넷째는 녹보석이요
20 다섯째는 홍마노요 여섯째는 홍보석이요 일곱째는 황옥이요 여덟
째는 녹옥이요 아홉째는 담황옥이요 열째는 비취옥이요 열한째는
청옥이요 열두째는 자수정이라
21 그 열두 문은 열두 진주니 각 문마다 한 개의 진주로 되어 있고
성의 길은 맑은 유리 같은 정금이더라
22 성 안에서 내가 성전을 보지 못하였으니 이는 주 하나님 곧 전능
하신 이와 및 어린 양이 그 성전이심이라
23 그 성은 해나 달의 비침이 쓸 데 없으니 이는 하나님의 영광이 비치
고 어린 양이 그 등불이 되심이라
24 만국이 그 빛 가운데로 다니고 땅의 왕들이 자기 영광을 가지고
그리로 들어가리라

계 21:14-24 따라 쓴 날 . .

14

15

16

17

18

19

20

21

22

23

24

요한계시록

최종 완성

20장 1절–22장 5절

후기

22장 6절–21절

21장

25 낮에 성문들을 도무지 닫지 아니하리니 거기에는 밤이 없음이라
26 사람들이 만국의 영광과 존귀를 가지고 그리로 들어가겠고
27 무엇이든지 속된 것이나 가증한 일 또는 거짓말하는 자는 결코 그
리로 들어가지 못하되 오직 어린 양의 생명책에 기록된 자들만 들
어가리라

22장

1 또 그가 수정 같이 맑은 생명수의 강을 내게 보이니 하나님과 및
어린 양의 보좌로부터 나와서
2 길 가운데로 흐르더라 강 좌우에 생명나무가 있어 열두 가지 열매
를 맺되 달마다 그 열매를 맺고 그 나무 잎사귀들은 만국을 치료하
기 위하여 있더라
3 다시 저주가 없으며 하나님과 그 어린 양의 보좌가 그 가운데에 있
으리니 그의 종들이 그를 섬기며
4 그의 얼굴을 볼 터이요 그의 이름도 그들의 이마에 있으리라
5 다시 밤이 없겠고 등불과 햇빛이 쓸 데 없으니 이는 주 하나님이
그들에게 비치심이라 그들이 세세토록 왕 노릇 하리로다

주 예수여 오시옵소서

6 또 그가 내게 말하기를 이 말은 신실하고 참된지라 주 곧 선지자들
의 영의 하나님이 그의 종들에게 반드시 속히 되어질 일을 보이시
려고 그의 천사를 보내셨도다
7 보라 내가 속히 오리니 이 두루마리의 예언의 말씀을 지키는 자는
복이 있으리라 하더라

25

26

27

[제22장]

1

2

3

4

5

주 예수여 오시옵소서

6

7

최종 완성

20장 1절-22장 5절

후기

22장 6절-21절

22장

8 이것들을 보고 들은 자는 나 요한이니 내가 듣고 볼 때에 이 일을 내
게 보이던 천사의 발 앞에 경배하려고 엎드렸더니
9 그가 내게 말하기를 나는 너와 네 형제 선지자들과 또 이 두루마리
의 말을 지키는 자들과 함께 된 종이니 그리하지 말고 하나님께 경배
하라 하더라
10 또 내게 말하되 이 두루마리의 예언의 말씀을 인봉하지 말라 때가
가까우니라
11 불의를 행하는 자는 그대로 불의를 행하고 더러운 자는 그대로 더럽
고 의로운 자는 그대로 의를 행하고 거룩한 자는 그대로 거룩하게 하라
12 보라 내가 속히 오리니 내가 줄 상이 내게 있어 각 사람에게 그가 행
한 대로 갚아 주리라
13 나는 알파와 오메가요 처음과 마지막이요 시작과 마침이라
14 자기 두루마기를 빠는 자들은 복이 있으니 이는 그들이 생명나무에
나아가며 문들을 통하여 성에 들어갈 권세를 받으려 함이로다
15 개들과 점술가들과 음행하는 자들과 살인자들과 우상 숭배자들과
및 거짓말을 좋아하며 지어내는 자는 다 성 밖에 있으리라
16 나 예수는 교회들을 위하여 내 사자를 보내어 이것들을 너희에게
증언하게 하였노라 나는 다윗의 뿌리요 자손이니 곧 광명한 새벽
별이라 하시더라
17 성령과 신부가 말씀하시기를 오라 하시는도다 듣는 자도 오라 할 것
이요 목마른 자도 올 것이요 또 원하는 자는 값없이 생명수를 받으
라 하시더라

8

9

10

11

12

13
14

15

16

17

요한계시록

후기

22장 6절–21절

22장

18 내가 이 두루마리의 예언의 말씀을 듣는 모든 사람에게 증언하
노니 만일 누구든지 이것들 외에 더하면 하나님이 이 두루마리에
기록된 재앙들을 그에게 더하실 것이요
19 만일 누구든지 이 두루마리의 예언의 말씀에서 제하여 버리면
하나님이 이 두루마리에 기록된 생명나무와 및 거룩한 성에 참여
함을 제하여 버리시리라
20 이것들을 증언하신 이가 이르시되 내가 진실로 속히 오리라 하시
거늘 아멘 주 예수여 오시옵소서
21 주 예수의 은혜가 모든 자들에게 있을지어다 아멘

18

19

20

21

[기도와 묵상]

손 끝에서 피어나는
하나님 나라 소망과 완성에 관한 이야기

일반서신(II)과 요한계시록 따라쓰기

베드로전후서, 요한1,2,3서
유다서, 요한계시록
Hand Copying Scriptures

초판 1쇄 발행 2022년 11월 30일

발행인 김용성
기획·편집 출판사역팀
디자인 새한기획
제 작 정준용
영 업 김동욱, 이대성

펴낸곳 요단출판사
등 록 1973.8.23. 제13-10호
주 소 07238) 서울특별시 영등포구 국회대로 76길 10
기 획 (02)2643-9155
구 입 (02)2643-7290, Fax(02)2643-1877

값 14,000원
ISBN 978-89-350-1965-6 03230

❀

십계명

The Ten Commandments

하나님이 이 모든 말씀으로 말씀하여 이르시되
나는 너를 애굽 땅, 종 되었던 집에서 인도하여 낸 네 하나님 여호와니라

제일은, **너는 나 외에는 다른 신들을 네게 두지 말라**

제이는, **너를 위하여 새긴 우상을 만들지 말고 또 위로 하늘에 있는 것이나 아래로 땅에 있는 것이나 땅 아래 물 속에 있는 것의 어떤 형상도 만들지 말며 그것들에게 절하지 말며 그것들을 섬기지 말라**
나 네 하나님 여호와는 질투하는 하나님인즉 나를 미워하는 자의 죄를 갚되 아버지로부터 아들에게로 삼사 대까지 이르게 하거니와 나를 사랑하고 내 계명을 지키는 자에게는 천 대까지 은혜를 베푸느니라

제삼은, **너는 네 하나님 여호와의 이름을 망령되게 부르지 말라**
여호와는 그의 이름을 망령되게 부르는 자를 죄 없다 하지 아니하리라

제사는, **안식일을 기억하여 거룩하게 지키라**
엿새 동안은 힘써 네 모든 일을 행할 것이나 일곱째 날은 네 하나님 여호와의 안식일인즉 너나 네 아들이나 네 딸이나 네 남종이나 네 여종이나 네 가축이나 네 문안에 머무는 객이라도 아무 일도 하지 말라 이는 엿새 동안에 나 여호와가 하늘과 땅과 바다와 그 가운데 모든 것을 만들고 일곱째 날에 쉬었음이라 그러므로 나 여호와가 안식일을 복되게 하여 그 날을 거룩하게 하였느니라